MUSCHELN

Das neue kompakte Bestimmungsbuch

MUSCHELN

Das neue kompakte Bestimmungsbuch

Fred Woodward

KÖNEMANN

A QUINTET BOOK

Published by The Apple Press
6 Blundell Street
London N7 9BH

This book was designed and produced by
Quintet Publishing Limited
6 Blundell Street
London N7 9BH

Creative Director: Richard Dewing
Designer: Stuart Walden
Project Editor: Damian Thompson
Editor: Lydia Darbyshire
Photographer: Paul Forrester

Originaltitel: Identifying Shells

© 1997 für die deutsche Ausgabe
Könemann Verlagsgesellschaft mbH
Bonner Str. 126, D-50968 Köln
Redaktion der deutschen Ausgabe:
Alexander Kluy, Berlin
Druck und Bindung:
Sing Cheong Printing Co. Ltd.
Printed in Hong Kong
ISBN 3-89508-512-X

INHALT

EINLEITUNG 6

Biologie der Mollusken 8

**Ordnungssystem
und Nomenklatur** 10

Zum Gebrauch dieses Buches 12

Die Weltmeere 14

Säubern und Aufbewahren 15

BESTIMMUNGSTEIL 16

GLOSSAR 79

REGISTER 80

EINLEITUNG

Seit mehr als 6000 Jahren verwendet der Mensch Muscheln, Schalen und Schalentiere. Überreste dieser Lebewesen fanden Archäologen in Ausgrabungsstätten, die ins fünfte Jahrtausend v. Chr. datiert werden. Auf Reste von Muschel- und Schneckengehäusen stieß man in Siedlungen aus der Bronzezeit; von den Römern ist bekannt, daß sie Austernbänke anlegten. In afrikanischen Fundstätten der Bronzezeit kamen Muscheln zum Vorschein, an denen deutlich zu sehen war, daß sie als Spachtel benutzt wurden. Museumsstücke beweisen, daß Muscheln seit altersher zur Herstellung so verschiedener Gegenstände wie Trinkgefäße und Angelhaken verwendet wurden; Schalenfunde und Perlmuttreste lassen vermuten, daß man sie auch als Schmuck sehr schätzte. Stachelschnecken wie die stachelhäusige Purpurschnecke *(Bolinus brandaris)* und eine andere Murexart, *Hexaplex trunculus*, wurden im alten Rom zur Herstellung tyrischen Purpurs verwendet, mit dem die Roben des Kaisers und der Priester gefärbt wurden. Vom Tintenfisch *(Sepia)*, der zu den Mollusken, den Weichtieren, gehört und eine schwarze Flüssigkeit absondert, wenn er verfolgt wird, verschafften sich die Menschen seit frühester Zeit Tinte. Kauris, besonders die Arten *Cypraea annulus* und *C. moneta*, wurden in vielen Gebieten Asiens, Zentralafrikas, Malaysias und auf den Inseln des Indischen Ozeans als Zahlungsmittel verwendet. Die ersten chinesischen Münzen aus Metall, die um das Jahr 600 v. Chr. in Umlauf kamen, ähneln in ihrer Form kleinen Kauris. Die Indianer Nordamerikas benutzten zusammengeknüpfte Muschelschnüre zu

LINKS Ein für das viktorianische Zeitalter typisches Schmuckstück, um 1880; man verband Muscheln mit Draht und formte daraus Blumenornamente.

UNTEN Aus dem Tintensack der Kleinen oder Zusammengerollten Krake, Eledone cirrosa (Lamarck), die zu den Kopffüßern gehört, wurde wie bei den Tintenfischen die sogenannte Sepiatinte gewonnen.

Tauschzwecken, als Schmuckobjekte oder auch als »Gedächtnisstützen«. Stammesälteste in Polynesien unterstrichen ihren Rang durch das Tragen der wertvollen Goldenen Kauri *(Cypraea aurantium)*. Helmschnecken verwendete man für die Kameenschnitzerei. Die Indische Trompetenschnecke *(Turbinella pyrum)*, dem Hindugott Vishnu geweiht, wird bei Zeremonien und rituellen Sakralhandlungen verwendet. Äußerst selten vorkommende linksgewendete Muschelformen sind sehr begehrt und erzielen hohe Preise. Das Gehäuse der Trompetenschnecke *(Charonia tritonis)* wird nach dem Entfernen der Spitze oft als Blasinstrument eingesetzt, um die Gläubigen zum Gebet zu rufen. In der westlichen Hemisphäre war die Kammuschel

das Attribut des Hl. Jakobus d.Ä., da sie am Atlantischen Ozean sehr häufig vorkam. Im Laufe der Zeit wurde diese Muschel Erkennungszeichen der Pilger auf dem Weg nach Santiago de Compostela, später für Pilger im allgemeinen. Sie trugen eine Kamm- oder Herzmuschel an ihren Kopfbedeckungen, in die glatte Seite der Muschel war eine grobe Zeichnung eingeritzt, die sich auf die Pilgerreise bezog. Nach ihrer Weihe trug man sie als Amulett, das den Träger vor unheilvollen Kräften bewahren sollte.

LINKS Ein im 17. Jahrhundert vermutlich in Deutschland oder Holland hergestellter, mit Silber und Korallen verzierter Nautiluspokal.

UNTEN Das Gehäuse einer großen Helmschnecke wurde zu einer Kamee umgearbeitet. Die ungewöhnliche Größe dieses Exemplars deutet darauf hin, daß es vermutlich eine Werbearbeit eines Händlers oder eines Kameenschneiders war.

BIOLOGIE DER MOLLUSKEN

Mollusken finden sich in vielen verschiedenen Lebensräumen, in der Tiefsee wie im Gebirge; nicht nur bei verschiedenen Klassen, sondern auch innerhalb derselben Familie findet man einen großen Formenreichtum.

SCHNECKEN

Über 75 % der heute existierenden Mollusken sind Schnecken. Sie haben einen weichen Körper und einen großen Fuß und sind normalerweise von einer harten, schützenden Schale umschlossen. Obwohl diese häufig spindelförmig ist, haben einige Arten turm- und kuppenförmige oder konische Gehäuse. Diese sind normalerweise in Form einer Spindel gewunden, bei manchen bilden die Schalen auch eine Ebene oder steigen unregelmäßig und asymmetrisch an. Die meisten Schnecken sind aktiv, recht mobil und leben in Salz- und Süßwasser und auf dem Land. Es existieren annähernd 30 000 klassifizierte Arten. Bei einigen Arten ist die Schale rückgebildet, verkümmert oder nicht ausgebildet; bei anderen sind Organe rückgebildet oder nicht vorhanden – so ist das Operculum, der kalkige Deckel, der beim Zurückziehen des Fußes das Gehäuse verschließt, nicht immer vorhanden. Viele Schnecken besitzen eine Radula, eine Raspelzunge, mit der kleine Teilchen vom Futtermaterial abgeraspelt werden. Einige Arten benutzen die Radula zum Bohren eines Loches in die Schale ihrer Beute. Die Zähnchen von Kegelschnecken haben sich zu hohlschaftigen, harpunenartigen und mit Widerhaken versehenen »Giftzähnen« umgebildet, durch die Gift in den Körper des Opfers gelangt. Die Art mit der größten Mundöffnung gilt als die gefährlichste; der Tod mehrerer Menschen wird auf allzu sorglosen Umgang mit lebenden Kegelschnecken zurückgeführt. Die Atmung erfolgt mit Hilfe von Kiemen, landlebende Schnecken haben lungenähnliche Kammern. Schnecken sind überwiegend getrenntgeschlechtlich, einige sind als Anlage oder als Reaktion auf Alterungs- und Umweltprozesse zwittrig. Aus Eiern geschlüpft, durchlaufen sie ein Zwischenstadium als freischwimmende Larven, sogenannte Veligerlarven.

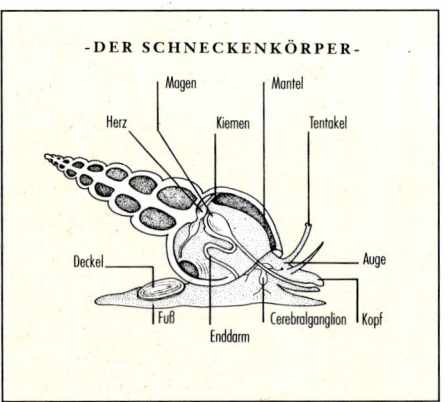

-DER SCHNECKENKÖRPER-

Magen · Mantel · Herz · Kiemen · Tentakel · Deckel · Auge · Fuß · Enddarm · Cerebralganglion · Kopf

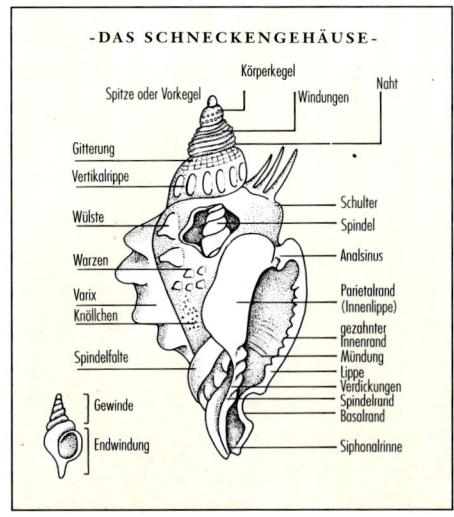

-DAS SCHNECKENGEHÄUSE-

Körperkegel · Spitze oder Vorkegel · Windungen · Naht · Gitterung · Vertikalrippe · Wülste · Warzen · Varix Knöllchen · Spindelfalte · Schulter · Spindel · Analsinus · Parietalrand (Innenlippe) · gezahnter Innenrand · Mündung · Lippe Verdickungen · Spindelrand · Basalrand · Siphonalrinne · Gewinde · Endwindung

MUSCHELN

Die Muschelschale besteht aus zwei Hälften, die unterschiedlich geformt und rückenseitig durch ein elastisches Schloßband miteinander verbunden sind. Um ein Öffnen zu verhindern, werden die Klappen durch Schließmuskeln zusammengehalten, die mit dem Inneren der Muschelschale zusammenhängen und dort so die charakteristischen Narben hervorrufen. Der Rückenrand der Klappen kann ineinandergreifende, zahnförmige Erhebungen aufweisen. Der Muschel fehlt ein richtiger Kopf und eine Radula; sie filtriert kleine Organismen aus dem Wasser, das durch ihre Kiemen strömt. Der zungenförmige Fuß, der an der Vorderseite herausragt, ist vergleichsweise groß und dient der Fortbewegung, obwohl manche Arten, wie z.B. Austern, sich langfristig mit seidenähnlichen Fäden, die von der Byssusdrüse produziert werden, an den Untergrund anheften. Die Ein- und Ausströmöffnungen (Siphone), unterschiedlich strukturiert, befinden sich am hinteren Ende. Die meisten Arten sind

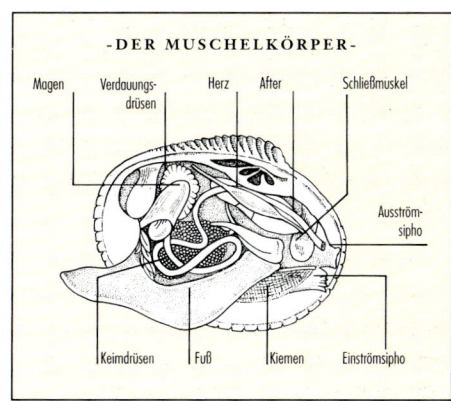

-DER MUSCHELKÖRPER-

Magen · Verdauungsdrüsen · Herz · After · Schließmuskel · Ausströmsipho · Keimdrüsen · Fuß · Kiemen · Einströmsipho

getrenntgeschlechtlich, einige sind zwittrig, andere wechseln ihr Geschlecht. Eier und Sperma können mittels des Ausströmsiphos ins Wasser abgegeben werden. Die Eier entwickeln sich zunächst zu Veligerlarven, schließlich zu Muscheln; einige Arten brüten ihre Eier im Mantelraum aus.

UNTEN Ein lebendes Exemplar der Bunten Kreiselschnecke, Calliostoma zizyphinum, *die man in Westeuropa häufig in flachem, steinigem Wasser findet.*

–ORDNUNGSSYSTEM UND NOMENKLATUR–

Lebewesen lassen sich in zwei Gruppen einteilen: Pflanzen und Tiere. Diese Gruppen sind wiederum in Untergruppen unterteilt. Tiere lassen sich in zwei Gruppen einteilen: Wirbeltiere, d.h. Tiere mit Rückenwirbeln (Fische, Vögel, Säugetiere), und Wirbellose (Quallen, Insekten, Korallen). Diese Kategorien lassen sich in Stämme aufteilen, die jeweilige Zuordnung hängt von bestimmten übereinstimmenden Merkmalen ab. Weichtiere gehören zu den Wirbellosen und bilden einen Stamm, die Mollusken, die einen nichtsegmentierten Körper und in der Regel Gehäuse haben. Dieser große Stamm, der in der Anzahl der Arten nur noch von den Arthropoden (Gliederfüßern) übertroffen wird, besteht aus einzelnen Klassen. Aufgrund der Kombination von Gehäuse und Gattungsspezifika teilen sich diese Klassen auf in Unterklasse, Ordnung, Überfamilie, Familie, Unterfamilie, Gattung und Art. Der Name der Art ist dem jeweiligen Tier exklusiv zugewiesen. Er beruht auf einem von dem schwedischen Naturforscher Carl Ritter von Linné (1707-1778) geschaffenen Klassifikationssystem. Jede Art hat zwei lateinische Namen. Der erste Name, die Gattungsbezeichnung, markiert die Gattung, zu der das Tier und mit ihm verwandte Arten gehören. Der zweite Name verweist auf die Gruppe innerhalb der Gattung. Auf den Artennamen folgt zusammen mit dem Jahr der Publikation der Name des Forschers, der die Muschel als erster beschrieb. So wird z.B. die Europäische Herzmuschel folgendermaßen klassifiziert:

Stamm	*Mollusca*
Klasse	*Bivalvia*
Unterklasse	*Heterodonta*
Ordnung	*Veneroida*
Überfamilie	*Cardioidea*
Familie	*Cardiidae*
Unterfamilie	*Laevicardiinae*
Gattung	*Cerastoderma*
Art	*edule*
Entdecker	*Linné*
Publikation	*1758*

Diese Angaben sind nicht nur allein auf das jeweilige Tier bezogen, sondern auch international gebräuchlich. Die allgemein gebräuchlichen Namen variieren, sogar innerhalb eines Landes kann es unterschiedliche Bezeichnungen geben. Die spezifizierten Namen sind universal gültig; verwendet man sie, vermeidet man Mißverständnisse, welche Muscheln gemeint sind.

KOPFFÜSSER

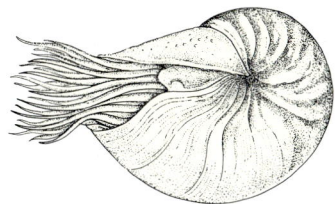

Diese Gruppe setzt sich aus Tieren zusammen, die einen gut entwickelten Kopf mit Augen, acht oder zehn mit Saugnäpfen versehene Tentakel und ein hartes, schnabelförmiges Gehäuse haben. Sie sind Fleischfresser. Diese Klasse umfaßt auch Kraken und Tintenfische, aber für den Muschelsammler sind nur die Nautiliden und Argonautiden von Interesse. Kopf und Fuß sind miteinander verbunden, sie haben Kiemen und hochentwickelte Sinnesorgane. Die meisten Arten sind getrenntgeschlechtlich, es gibt keine freischwimmenden Larven (Veligerlarven). Aus dem Ei schlüpft ein voll entwickelter Embryo. Nautiliden haben die Schale außen. Die Argonauten haben kein wirkliches Gehäuse. Die »Schale«, die das Weibchen produziert, ist nur lose mit dem Körper verbunden und dient zum Lagern der Eier.

•

KAHNFÜSSER

Die Arten dieser Klasse heißen im Volksmund Stoßzahnmuscheln; man findet sie in gemäßigten bis tropischen Klimazonen. Es gibt über 1000 Arten. Sie haben hohle, röhrenförmige, gebogene Schalen, die an beiden Enden offen sind. Einige Arten haben eine Einkerbung oder einen Schlitz am hinteren Ende der Schale. Die Schale verjüngt sich zu einer Seite hin, und der Fuß ragt aus der größeren vorderen Öffnung. Kahnfüßer leben in ihren Gehäusen im Sand vergraben. Sie ernähren sich von Protozoen und Mikroorganismen, die sie aus dem Wasser, das sie durch das kleinere offene Ende des aus dem Sand ragenden Gehäuses einsaugen, filtern. Es gibt keinen genau bestimmbaren Kopf, weder Augen noch Kiemen; der Fuß ist groß, die Radula gut ausgebildet. Alle Arten sind getrenntgeschlechtlich; die Larve weist zwei klappenförmige Ausbildungen auf, die sich später zur ausgewachsenen Schale vereinigen.

Kahnfüßer leben in der Regel in der Tiefsee; lebende Exemplare sieht man selten, leere Schalen werden häufig an Land gespült.

KÄFERSCHNECKEN

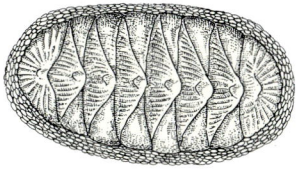

Diese Klasse bilden die Schalenplattenschnecken, deren acht dachziegelartig übereinanderliegende Schalenplatten von einem muskelreichen Mantelgewebe zusammengehalten werden. Bei Bedrohung rollen sie sich zum Schutz zusammen. Vermutlich gibt es zwischen 600 und 1000 verschiedene Arten, die alle vegetarisch in der Strandzone und im flachen Wasser in Felsenhöhlen oder unter Steinen leben. Ihre Radula ist gut ausgebildet, sie haben einen großen Fuß, keine Fühler oder Augen und sind getrenntgeschlechtlich.

Die Larven einiger Arten sind Veligerlarven, bei den meisten Arten jedoch beschützt die Mutter ihre Jungen, bis diese imstande sind, selbständig zu überleben.

–ZUM GEBRAUCH DIESES BUCHES–

Die Weichtiere oder Mollusken in diesem Buch sind in fünf Hauptklassen eingeteilt: in Schnecken, Muscheln, Käferschnecken, Kopffüßer und Kahnfüßer. Schnecken und Muscheln bilden den Schwerpunkt. Die Ordnungskategorien lauten: Klasse, Überfamilie, Familie, Art. Jede Klasse setzt sich aus Überfamilien zusammen, die sich in weitere Familien verzweigen. Innerhalb ihrer Familien sind die Muschel- und Schneckenarten in Wort und Bild dargestellt. Jeder Überfamilie ist eine bestimmte Farbe zugewiesen, die ihr zugehörige Familie oder Art weist einen helleren Farbton auf.

1 Überfamilie – Einordnung Stromboidea (dunkle Farbe)

2 Familie – Trivialname Pelikanfüße Ordnungsname – Aporrhaidae (hellere Farbgebung)

3 Beschreibung der Schneckenfamilie

> **ÜBERFAMILIE STROMBOIDEA**
>
> ## PELIKANFÜSSE
> Familie Aporrhaidae
>
> Pelikanfüße leben im Sandschlamm in tieferem, kühlerem Wasser des Nordatlantiks und des Mittelmeers. Es gibt sechs rezente, aber viele fossile Arten. Der Name beruht auf ihrer flügelartig erweiterten Außenlippe.
> Das Operculum ist bei allen Arten klein, aber Zahl und Form der Fortsätze können selbst innerhalb derselben Art stark variieren.

4

5

6

2in
5cm

4 Ungefähre Tiefe des Lebensraums, wobei die Maßangaben geschätzt sind:

A ⬜ bis 25 m

B ⬜ 25 m bis 150 m

C ⬜ 150 m bis 500 m

5 Durchschnittliche Größe einer ausgewachsenen Schnecke

6 Vorkommen:

D ✖ Sehr häufig. Leicht in zugänglichen Sammelgebieten zu finden, leicht zu erwerben.

E ✖ Verbreitet. Nicht immer bei Händlern vorrätig. Lebensraum manchmal entlegen oder schwer zugänglich.

F ◼ Selten. Kaum im Handel erhältlich, somit teuer und gefragt. Arten leben in unzugänglichen Lebensräumen, z.B. in Untiefen.

7 Der wissenschaftliche (spezifische) Name der Art innerhalb der Familie – *Aporrhais pespelicani* (hellere Farbe).

8 Der Name des Entdeckers und das Jahr der Veröffentlichung – Linné 1758. Der Name des Entdeckers und das Jahr sind teilweise in Klammern beigefügt, wenn die Schnecke seit ihrer ersten Klassifikation neu eingeordnet wurde.

9 Der Trivialname (der allgemein gebräuchliche Name) lautet Pelikanfuß. Der spezifische Name sollte zusätzlich angeführt werden, da Trivialnamen variieren; oft heißen zwei recht unterschiedliche Arten im Volksmund gleich.

10 Eine kurze Beschreibung der Schnecke mit näheren Angaben, die eine Zuordnung ermöglichen.

11 Verbreitung der Schnecke, d.h. Angabe der Region oder der Regionen, in denen sie lebt.

APORRHAIS PESPELICANI

(Linné 1758)

TRIVIALNAME: Pelikanfuß

BESCHREIBUNG: Die Mündung des Pelikanfußes weist vier fingerähnliche Fortsätze auf, die, deshalb der Name, einem Pelikanfuß ähneln. Die Windungen sind eckig und mit Knoten übersät. Die Gehäuse sind normalerweise sehr hell (cremeweiß, grauweiß), einige sind dunkelbraun. Die Art ist vom Mittelmeer bis nach Norwegen verbreitet und lebt küstennah in einer Tiefe bis zu 140 m.

VERBREITUNG: Mittelmeer, Nordwesteuropa

DIE WELTMEERE
LEBENSRAUM UND VERBREITUNG

Meeresmollusken findet man auf der ganzen Welt und in fast jeder Umgebung, in der Wasser ausreichend Nahrung bietet. Die meisten Arten, auch jene mit den auffälligsten Farben und Mustern, leben in flachen Gewässern, viele finden sich in Sand oder Schlamm oder graben sich in sandige Substrate ein.

Der Lebensraum, in dem man eine Art findet, ist oft für ihre Bestimmung wichtig. In diesem Buch bezeichne ich die Lebensräume von Muscheln als **in der Gezeitenzone**, also zwischen Höchststand des Wassers bei Flut und niedrigstem Wasserstand bei Ebbe, oder als **unterhalb der Gezeitenzone**: Dieser Flachwasserabschnitt reicht von der äußersten Niedrigwassermarke bis zum Rand der Kontinentalsenke. Die Arten in tiefem Wasser heißen **Tiefseearten**.

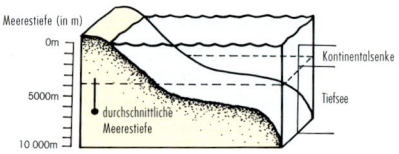

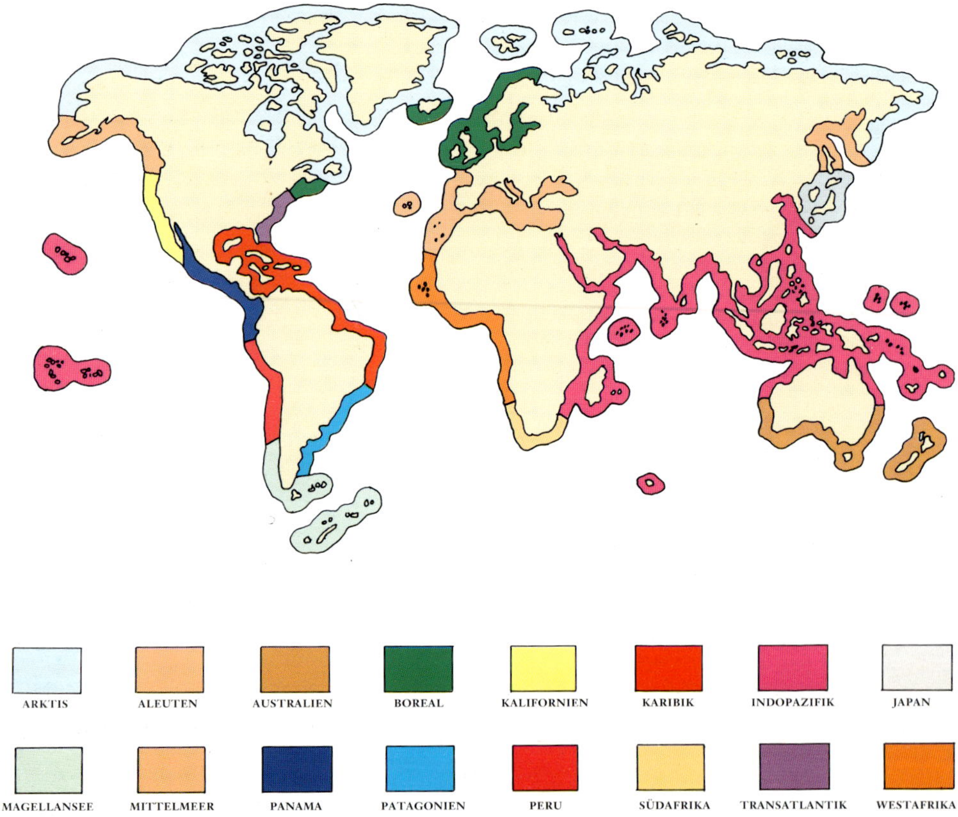

Color	Region		Color	Region
	ARKTIS			INDOPAZIFIK
	ALEUTEN			JAPAN
	AUSTRALIEN			MAGELLANSEE
	BOREAL			MITTELMEER
	KALIFORNIEN			PANAMA
	KARIBIK			PATAGONIEN
				PERU
				SÜDAFRIKA
				TRANSATLANTIK
				WESTAFRIKA

– SÄUBERN UND AUFBEWAHREN –

Von Händlern erworbene oder eingetauschte Muscheln können normalerweise
sofort in eine Sammlung aufgenommen werden. Muscheln, die Sie selber
gefunden haben, müssen zusätzlich noch gereinigt werden.

Weiche Körperteile sollten entfernt werden, bevor sie zerfallen und verwesen. Wollen Sie
den Tierkörper aufbewahren, dann tauchen Sie ihn am besten in kochendes Wasser; das Tier
wird das Gehäuse verlassen, und Sie können es dann in einer Flüssigkeit konservieren, die zu
10 % aus Formalin, dem ein wenig Glyzerin beigemengt wurde, und aus Industriemethylalkohol
oder 70%igem Alkohol bestehen sollte (allerdings ist letzterer schwer zu beschaffen, außer,
wenn Sie ein Labor besitzen). Die Tiere lassen sich durch kurzes Kochen entfernen. Muscheln
lassen sich ohne Schwierigkeiten auslösen, für Schnecken braucht man eine Stecknadel. Achten
Sie auch darauf, den Deckel, sofern vorhanden, zu entfernen. Er sollte separat aufbewahrt werden oder auf einem Stück Baumwolle gelagert und in die Mündung des Gehäuses geschoben
werden. Verkrustungen auf dem Gehäuse können mit einer Drahtbürste entfernt oder in einer
schwachen Säurelösung, z.B. Weinessig, abgelöst werden. Einige Sammler bewahren solche
»Schönheitsfehler«, da sie Hinweise auf den Lebensraum des Tieres geben. Die Art der Aufbe-
wahrung ist von räumlichen und finanziellen Möglichkeiten abhängig. Zu empfehlen sind
Schränke oder Regale mit Schubfächern, einzelne Exemplare können in Dosen mit Plastik-
oder Glasdeckeln, in Röhren oder in Pappkartons aufbewahrt werden. Jedes Gehäuse sollte
numeriert werden und so beschriftet sein, daß auf dem Etikett alle notwendigen Informa-
tionen – der wissenschaftliche Name, der Trivialname, Zeit und Ort des Fundes, Name des
Sammlers, Name des Identifizierenden, Art der Konservierung sowie weitere nützliche Angaben – vermerkt sind. Man sollte diese Angaben am besten auf einer Karteikarte oder
in einem Notizbuch festhalten.

Plastikzange für kleine Muscheln

Notizblock

*Zahnbürste zum Entfernen von Sand-
ablagerungen oder Muschelkalk*

*Sieb zum Trennen von Muscheln
und Sand*

Bleistift oder wasserfester Stift

*Vergrößerungsglas oder
Lupe*

*Scharfes Messer zum Ablösen von Steinen oder
zum Hervorholen aus kleinen Höhlen*

KLASSE
SCHNECKEN

Zu dieser Klasse gehören Weichtiere, die einen weichen
Körper und einen großen Fuß besitzen, der gewöhnlich
von einem schützenden Gehäuse umgeben ist.
Es gibt ungefähr 30 000 klassifizierte Arten von Schnecken,
u.a. Loch-, Kegel-, Walzen- und
Porzellanschnecken (Kauris).

ÜBERFAMILIE
PLEUROTOMARIOIDEA

SCHLITZKEGEL-SCHNECKEN
Familie Pleurotomariidae

Die Vorläufer dieser alten Mollusken-
familie finden sich bereits im Kambrium
vor mehr als 600 Mio. Jahren, sie weisen
bereits den typischen Schlitz in der
Endwindung und einen Horndeckel auf.
Alle jüngeren Arten sind vegetarisch
und leben gewöhnlich in einer Tiefe
von bis zu 600 m – daher findet man
sie nur selten in privaten Klein-
sammlungen. Das Gehäuse
ist relativ groß und
rund oder konisch zulaufend.

PEROTROCHUS WESTRALIS

Whitehead 1987

TRIVIALNAME: Westaustralische Schlitzkegelschnecke
BESCHREIBUNG: Diese erst jüngst klassifizierte Art hat
ein großes, spitz zulaufendes, hellbeiges Gehäuse mit
acht oder neun Windungen und einer charakteristischen
geschlitzten Endwindung. Das Gehäuse weist kleine
schwachorangefarbene Striche auf. Manchmal wird sie
vor der australischen Küste aus einer Tiefe von 450 m
gefischt. Eine weitere eng verwandte Art, *Perotrochus
tangaroana* (Bouchet & Metivier 1982), wurde am Lau
Ridge und am North Cape Rise vor Neuseeland aus
einer Tiefe von 600 m gefischt.
VERBREITUNG: Westaustralien

MEEROHREN
Familie Haliotidae

Meerohren leben vegetarisch.
Weltweit gibt es ungefähr 100 Arten in
verschiedenen Lebensräumen,
in der unteren Strandzone ebenso wie in
einer Meerestiefe von mehr als 100
Metern. Das Gehäuse ist abgeflacht und
ohrförmig, auf der Endwindung befindet
sich eine Lochkante, durch die Wasser
und Abfallprodukte austreten. Das perl-
muttartige Innere mit einem einzelnen,
zentralen Muskel dient oft als Quelle für
Perlmutt. Ein Deckel fehlt. Meerohren
dienen auch als Nahrung und werden zu
diesem Zweck gezüchtet.

ÜBERFAMILIE
PLEUROTOMARIOIDEA

LOCHSCHNECKEN
Familie Fissurellidae

Die Arten dieser Familie sind allgemein
als Lochschnecken bekannt, da die
meisten eine lochartige Öffnung in der
konischen Gehäusespitze aufweisen.
Man findet sie weltweit auf Felsstränden
und zwischen Korallen. Es sind recht
einfache Mollusken ohne Deckel.
Alle Arten leben vegetarisch.

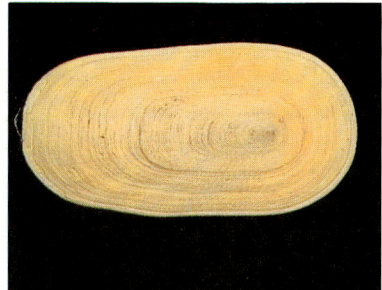

HALIOTIS RUBER

Leach 1814
TRIVIALNAME: Ruber-Meerohr
BESCHREIBUNG: Die Umgänge der *Haliotis ruber* sind
oft aufgelöst, man sieht den weißen, hell schimmernden, perlenähnlichen Untergrund. Die Oberfläche ist
blaßrot. Diese vielleicht bekannteste Meerohrenart
findet man in der untersten Gezeitenzone häufig auf
Felsen und in Spalten entlang der flachen Küsten-
gewässer Südaustraliens.
VERBREITUNG: Südaustralien, Tasmanien

SCUTUS ANTIPODES

Montfort 1810
TRIVIALNAME: Römische Schildschnecke
BESCHREIBUNG: Diese Art ist für die Familie atypisch,
da sie keine lochartige Öffnung in der Gehäusespitze
aufweist. Ihr Gattungsname leitet sich aus der Ähnlich-
keit mit einem römischen Schild, dem *scutum*, ab. Sie
kommt in der unteren Strandzone Neuseelands häufig
vor und wird im Durchschnitt 5 cm groß; es wurden
aber auch schon 9 cm große Exemplare gefunden.
Das ovale Gehäuse, das die Wachstumsphasen der
Muschel anzeigt, ist gelbbeige, das Innere weiß.
VERBREITUNG: Südaustralien, nördliches Neuseeland

FISSURELLA BARBADENSIS

(Gmelin 1791)

TRIVIALNAME: Barbados-Lochschnecke

BESCHREIBUNG: Die Barbados-Lochschnecke mit ihrer ovalen Form, dem hellgrünen Inneren und der typischen, achtförmigen Apexöffnung ist Sammlern gut bekannt. Das Gehäuse ist oft mit Kalkresten überzogen, die die zarten, schimmernden Rippen bedecken. Zwischen Südflorida und Brasilien kommt sie häufig auf Felsen zwischen den Gezeitenzonen vor; besonders verbreitet ist sie in der Karibik.

VERBREITUNG: Südflorida bis Brasilien, Karibik

LOTTIA GIGANTEA

(Sowerby 1834)

TRIVIALNAME: Große Eulennapfschnecke

BESCHREIBUNG: Der obere Teil der Oberfläche dieses großen, abgeflachten, ovalen Gehäuses ist unregelmäßig gefleckt und stark verkrustet. Das Innere zeigt einen ovalen, hellblauen oder weißen Muskelabdruck inmitten einer einheitlich dunkelbraunen und glänzenden Fläche, um die eine schwarze Linie läuft. Man findet sie auf Steinen unterhalb der Strandzone.

VERBREITUNG: Kalifornien bis Mexiko

ÜBERFAMILIE

PATELLOIDEA

ECHTE NAPFSCHNECKEN

Familien Acmaeidae
und Lottiidae

Diese beiden Familien haben Gehäuse mit einem hufeisenförmigen Muskelabdruck im porzellanartigen, oft leuchtend bunten Inneren. Die Mehrzahl der Arten findet man auf steinigen Stränden, in Seetang und auf anderen Muscheln. Sie sind weltweit verbreitet, kommen aber besonders häufig an der nordamerikanischen Pazifikküste vor.

PATELLOIDEA ALTICOSTATA

(Angas 1865)

TRIVIALNAME: Hochgerippte Napfschnecke

BESCHREIBUNG: Diese Art findet man in grünem Seetang, von dem sie sich ernährt. Die Oberfläche weist 20 radial verlaufende Rippen auf, die oft unter Algenverkrustungen verborgen sind. Das Innere ist weiß oder grauweiß mit einem hellbraunen Muskelabdruck. Einige Gehäuse haben am Rand eine schwarze Linie.

VERBREITUNG: Südaustralien

KREISELSCHNECKEN

Familie Trochidae

Hunderte von Arten dieser Familie
kommen weltweit vor. Die kleinen und
großen konischen Gehäuse haben ein
Periostrakum, einen Überzug, und sind
kreisel- oder linsenförmig. Das Innere
des Gehäuses ist perlmuttartig, der
Horndeckel hart. Kreiselschnecken leben
von Algen und finden sich häufig auf
Korallenriffen oder zwischen Algen
an Felsstränden.

CITTARIUM PICA

(Linné 1758)

TRIVIALNAME: Elsterschnecke

BESCHREIBUNG: Diese bekannte Art, deren Gehäuse
dick und schwer ist und ein Muster auffallender, gewell-
ter schwarzweißer Linien aufweist, hat einen großen
Nabel. Der Horndeckel ist rund, grünlichschwarz und
hart. Man findet sie in der Karibik auf steinigem Grund
unterhalb der Gezeitenzone.

VERBREITUNG: Karibik

LISCHKEIA IMPERIALIS

(Dall 1881)

TRIVIALNAME: Kaiserkreiselschnecke

BESCHREIBUNG: Diese Art ist sehr selten. Die dünne,
schmutzigbeigefarbene Oberfläche kontrastiert mit dem
hell leuchtenden, perlmuttartigen Inneren. Die fünf oder
sechs Spiralwindungen sind mit vier oder fünf Reihen
stachliger Knoten überzogen. Man findet sie in einer
Tiefe von 60 m bis 300 m. Das abgebildete Gehäuse
wurde in der Carlisle Bay, Barbados, in einer Tiefe von
300 m gefunden.

VERBREITUNG: vor Florida und in der Karibik

CALLIOSTOMA ANNULATUM

(Lightfoot 1786)

TRIVIALNAME: Ringschlitzschnecke

BESCHREIBUNG: Diese Art galt lange als echtes Samm-
lerobjekt; um 1800 erzielten solche Gehäuse Preise von
3 bis 4 britischen Pfund. Trotz ihrer großen Verbreitung
ist sie noch heute gefragt. Das außergewöhnliche Aussehen erklärt sich daher, daß jede Windung von farbi-
gen spiraligen Körperkegeln skulptiert wird, so daß rote
und weiße Tupfen entstehen, die mit einem lavendelfar-
benen Band über der Naht kontrastieren. Der Untergrund
ist gelblich-braun. Man findet die Ringschlitzschnecke
küstennah in einer Tiefe von 1 m bis 20 m.

VERBREITUNG: Alaska bis Südkalifornien

KREISELSCHNECKEN

Familie Turbinidae

Es gibt mehrere hundert Arten von Kreiselschnecken, die sich in drei Unterfamilien aufteilen, in Delphinschnecken oder Angariinae, echte Kreiselschnecken oder Turbininae und Sternschnecken oder Astraeinae. Im allgemeinen sind die Gehäuse ziemlich groß, solide und kreiselförmig gewunden. Manchmal haben sie Spiralreifen. Das Innere ist perlmuttrig, die Spindel glatt. Das Operculum ist solide und kalkig. Sie leben vegetarisch und kommen in warmem Wasser in Tang, auf Fels- und Korallenriffen inner- und unterhalb der Gezeitenzone vor.

FASANENSCHNECKEN

Familien Phasianellidae und Tricoliidae

Fasanenschnecken haben ein glattes, oft verschieden gemustertes buntes Äußeres. Durch ihr porzellanweißes, nichtperlmuttartiges Inneres unterscheiden sie sich von den Kreisel- und Spitzkreiselschnecken. Die mandelförmige Mündung hat einen kalkigen, aber glatten Deckel. Die meisten Arten leben vegetarisch und sind zumeist in mäßig warmen und tropischen Gewässern zu finden.

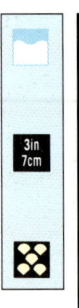

ANGARIA TYRIA

(Reeve 1842)

BESCHREIBUNG: Diese Art gehört zu den Delphinschnecken und hat wie andere Arten dieser Unterfamilie einen dünnen Horndeckel. Die Gehäuseformen sind unterschiedlich, haben aber gut ausgebildete Rippen. Diese Art kommt auf Korallenriffen in flachem Wasser vor.

Das größere der hier abgebildeten Gehäuse wurde vor der nordwestaustralischen Küste gefunden, das kleinere stammt wahrscheinlich von den Philippinen.

VERBREITUNG: südwestpazifischer Raum, Australien

PHASIANELLA AUSTRALIS

(Gmelin 1791)

TRIVIALNAME: Australische Fasanenschnecke

BESCHREIBUNG: Die Australische Fasanenschnecke, auch bekannt als Bemalte Dame, variiert in Farbgebung und Muster beträchtlich (siehe Abbildung). Die ersten Windungen des Apex haben ein abwechslungsreiches Muster. Diese größte und vielleicht schönste Art sollte in jeder Sammlung vertreten sein. Sie findet sich in flachem Wasser an der südaustralischen und tasmanischen Küste zwischen Seetang.

VERBREITUNG: Südaustralien, Tasmanien

ÜBERFAMILIE

NERITOIDEA

SCHWIMMSCHNECKEN

Familie Neritidae

Diese kleinen bis mittelgroßen,
dicken und kugelförmigen Gehäuse
haben eine verdickte, oft gezahnte
Außenlippe. Der Nabel fehlt. Sie haben
einen kalkigen Deckel mit einer rippen-
artigen Verstärkung auf der Innenseite.
Sie leben vegetarisch. Die Gattung Ne-
rita lebt in der Strandzone, einige Arten
leben auch in frischem Wasser oder in
Brackwasser. Es gibt insgesamt 50 Arten.

ÜBERFAMILIE

LITTORINOIDEA

UFERSCHNECKEN

Familie Littorinidae

Diese weltweit vorkommenden Uferschnecken haben kleine bis mittelgroße
Gehäuse. Es gibt mehr als 50 Arten; einige Schätzungen gehen von 100 aus.
Sie haben einen runden, dünnen Horndeckel, aber keinen Nabel. Alle leben
vegetarisch von Tang und Algen.
Sie sind getrenntgeschlechtlich, die
Weibchen geben ihre Eier entweder
direkt ins Wasser ab oder legen
gelatineartige Eiermassen.

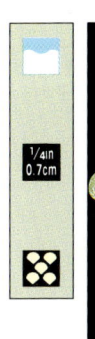

SMARAGDIA VIRIDIS

(Linné 1758)

TRIVIALNAME: Smaragduferschnecke

BESCHREIBUNG: Diese kleine Art ist bei Sammlern zu
Recht beliebt, denn durch die leuchtend grüne Farbe
ziehen sich viele dünne weiße Axiallinien. Das Gewinde
ist flach, die Endwindung stark vergrößert. Sie lebt in
flachem Wasser, vor allem auf Seegraskissen.

VERBREITUNG: Südostflorida, Karibik, Bermudas

LITTORINA LITTOREA

(Linné 1758)

TRIVIALNAME: Uferschnecke

BESCHREIBUNG: Die Uferschnecke hat ein robustes,
rundes Gehäuse mit einem ziemlich kurzen Gewinde. Es
ist grau und weist manchmal feine Riefen auf. Mündung
und Spindel sind weiß und glatt, der Horndeckel dunkelbraun. Man findet diese Muschel, die viel Nahrung
braucht, zwischen Tang und Steinen.

VERBREITUNG: Westeuropa, Nordosten Nordamerikas

HORNSCHNECKEN
Familie Cerithiidae

Die langen Gehäuse haben spiralige Riefen oder Knotenreihen. Die Mündung ist
schiefwinklig, der Siphonalkanal gekurvt.
Der dünne Horndeckel ist subzirkular
und hat nur wenige Windungen. Hornschnecken leben im flachem Wasser tropischer Meere zwischen Tang oder
Korallenresten und ernähren sich von
Algen und Schwebe- und Sinkstoffen.
Nur wenige Arten kommen in den küh-
leren europäischen Gewässern vor.

LITTORINA SCABRA ANGULIFERA

(Lamarck 1822)

TRIVIALNAME: Eckige Uferschnecke
BESCHREIBUNG: Diese Art scheint in zwei Farbformen
vorzukommen. Gehäuse aus der Karibik sind gelblich
oder weiß und mit hell- und dunkelbraunen Linien
bedeckt. Australische Arten, wie die hier abgebildeten
aus Yeppoon, Queensland, sind weitaus häufiger
monochrom (braun, violett oder gelb), haben scharfe
spiralige Rippen und sind leicht.
VERBREITUNG: Südosten der USA bis Brasilien, Bermudas, Queensland (Australien)

CERITHIUM CUMINGI

A. Adams 1855

TRIVIALNAME: Cummingsche Hornschnecke
BESCHREIBUNG: Diese Hornschnecke hat ein recht
dünnes, wulstiges Gehäuse; auf dem beigefarbenen
Untergrund sind dunkelbraune Flecken zu sehen.
Die hier abgebildeten Arten stammen aus dem west-
australischen Port Hedland; das rechte Beispiel weist
die für Hornschnecken typische Mündung und den
typischen Deckel auf.
VERBREITUNG: indopazifische Inseln, Nord- und
Westaustralien

GLOCKENKLÖPPEL

Familie Cerithiidae

Der Glockenklöppel ist die letzte existierende Art einer einst großen Familie mit über 700 Arten, darunter eine Art, *Campanula giganteum*, die man in Ablagerungen im Pariser Becken fand und die bis zu 50 cm groß wurde.

SCHLAMMSCHNECKEN

Familie Potamididae

Schlammschnecken leben in brackigem oder schlammigem Wasser, z.B. in Mangrovensümpfen, wo man sie häufig findet. Sie leben von abgestorbenen Meeresorganismen und Tang und haben einen dünnen, polyspiralen Horndeckel.

CAMPANILE SYMBOLICUM

Irelade 1917

TRIVIALNAME: Glockenklöppel

BESCHREIBUNG: Diese Art hat einen Deckel, ihr kalkweißes Gehäuse ähnelt einem Fossil. Die von dünnen spiraligen Furchen skulpierten Windungen haben kein Muster. Bei den meisten Arten bricht der Apex ab. Das Vorkommen dieser vegetarisch lebenden Schnecke ist auf Südwestaustralien beschränkt.

VERBREITUNG: Südwestaustralien

TELESCOPIUM TELESCOPIUM

(Linné 1758)

TRIVIALNAME: Teleskopschnecke

BESCHREIBUNG: Die Teleskopschnecke lebt in schlammigen Mangrovengebieten im indopazifischen Raum. Sie ist bei Sammlern beliebt, ihre lange ebenmäßige Oberfläche läuft spitz zu. Die Windungen sind spiralig gefurcht, und die Basis der Spindel ist wie ein Korkenzieher geformt. Das relativ schwere Gehäuse ist üblicherweise dunkelbraun und hat einen farblich abgesetzten Grat, der hellbraun, grau oder weiß sein kann.

VERBREITUNG: indopazifischer Raum

SCHRAUBENSCHNECKEN

Familie Turritellidae

Weltweit gibt es mehr als 100 Arten von Schraubenschnecken. Sie leben küstennah in sandigem und schlammigem Wasser und ernähren sich von toten Meeresorganismen und Algen. Sie haben einen Chitindeckel, aber keinen Siphonalkanal. Die Gehäuse sind eher wegen ihrer Form als ihrer Farbigkeit bemerkenswert.

VERMICULARIA SPIRATA

(Philippi 1836)

TRIVIALNAME: Karibische Wurmschnecke

BESCHREIBUNG: Die Karibische Wurmschnecke heißt so, da ihre Windungen mit einer Turritellaspitze beginnen, dann aber nach sechs Windungen unregelmäßig werden, so daß das Gehäuse Meereswürmern ähnelt. Sie lebt in Südostflorida, der Karibik und auf den Bermudas zwischen Flachwasserschwämmen.

VERBREITUNG: Südflorida, Karibik, Bermudas

TURRITELLA TEREBRA

(Linné 1758)

TRIVIALNAME: Schraubenschnecke

BESCHREIBUNG: Diese Art findet man in sandigen Schlammgebieten des Indopazifiks unterhalb der Strandzone. Manche Exemplare haben bis zu 30 Windungen, die einige zarte, gerundete Spiralrippen aufweisen. Das Gehäuse ist hell- bis dunkelbraun. Die Mündung ist rund, der Horndeckel dünn, rund und polyspiral mit einem Nukleus in der Mitte.

VERBREITUNG: indopazifischer Raum

ÜBERFAMILIE STROMBOIDEA

PELIKANFÜSSE

Familie Aporrhaidae

Pelikanfüße leben im Sandschlamm in tieferem, kühlerem Wasser des Nordatlantiks und des Mittelmeers.
Es gibt sechs rezente, aber viele fossile Arten. Der Name beruht auf ihrer flügelartig erweiterten Außenlippe. Das Operculum ist bei allen Arten klein, aber Zahl und Form der Fortsätze können selbst innerhalb derselben Art stark variieren.

FLÜGELSCHNECKEN

Familie Strombidae

Flügelschnecken haben Gehäuse in verschiedenen Größen und Dicken, die alle am Mündungsrand eine Einbuchtung aufweisen, durch die das Tier ein gestieltes Auge hervorstrecken kann, um die Umgebung zu beobachten. Das Gehäuse ist glatt, manchmal gerippt. Spinnenschnecken haben an ihrer Mündung fingerartige Fortsätze, leben inner- und unterhalb der Strandzone auf Sand, Korallen oder Schlamm, ernähren sich von Algen und Meeresorganismen und besitzen einen klauenähnlichen Horndeckel, der zur Fortbewegung dient.

2in
5cm

8in
20cm

APORRHAIS PESPELICANI

(Linné 1758)

TRIVIALNAME: Pelikanfuß

BESCHREIBUNG: Die Mündung des Pelikanfußes weist vier fingerähnliche Fortsätze auf, die einem Pelikanfuß ähneln (daher auch der Trivialname). Die Windungen sind eckig und mit Knoten übersät. Die Gehäuse sind normalerweise sehr hell (cremeweiß, grauweiß), einige sind dunkelbraun. Die Art ist vom Mittelmeer bis nach Norwegen verbreitet und lebt küstennah in einer Tiefe bis zu 140 m.

VERBREITUNG: Mittelmeer, Nordwesteuropa

LAMBIS LAMBIS

(Linné 1758)

TRIVIALNAME: Kleine Teufelskralle

BESCHREIBUNG: Diese Art mit ihren fingerförmigen Fortsätzen am erweiterten Mundrand ist sehr bekannt und weit verbreitet. Das Gehäuse des Weibchens hat lange Rippen und wird recht groß; nicht ausgewachsenen Exemplaren fehlen die Rippen überhaupt. Das größere der hier abgebildeten Exemplare ist die seltenere, orangefarbene westaustralische Art. Normalerweise ist das Gehäuse hellweiß mit orangefarbenen Flecken.

VERBREITUNG: indopazifischer Raum

LAMBIS SCORPIUS SCORPIUS

(Linné 1758)

TRIVIALNAME: Skorpionsschnecke

BESCHREIBUNG: Die Skorpionsschnecke, die auf Korallenriffen lebt, ist aufgrund ihrer unregelmäßigen Form und ihrer faszinierenden Farbgebung bei Sammlern sehr beliebt.

Das knotenbesetzte Äußere ist dicht gerippt und weist einen in sich differenzierten braunen Farbton auf, das dunkelviolette Innere ist ebenfalls gerippt. Die dünnen, gekrümmten Riefen sind geschlossen und flach.

VERBREITUNG: Westpazifik

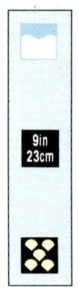

STROMBUS GIGAS

Linné 1758

TRIVIALNAME: Riesenflügelschnecke

BESCHREIBUNG: Dieses große, solide Gehäuse wird bis zu 23 cm lang und hat einen großen Mündungsrand. Die Mündung ist zartviolett, die hellweiße Oberfläche gewöhnlich mit einem braunen Periostrakum überzogen. Diese eßbare Schnecke lebt in flachem Wasser auf Sandsubstraten und produziert manchmal pinkfarbene Perlen. Ohne Apex wird sie häufig als Trompete benutzt.

VERBREITUNG: Südflorida, Karibik

LAMBIS CHIRAGRA CHIRAGRA

(Linné 1758)

TRIVIALNAME: Großer Bootshaken

BESCHREIBUNG: Diese bekannte Art hat ein großes, dickes, schweres Gehäuse und fünf typische, leicht gekrümmte, fingerförmige Fortsätze, der Siphonalkanal läuft von der Basis der Spindel bis zur ›sechsten‹ geraden Rippe. Die weiße Körperwindung hat bucklige, spiralige Rippen und ist braun gefleckt. Die Mündung ist pink, gelb, rot oder braun. Sie lebt in flachem, sandigem Wasser und auf Korallenriffen.

VERBREITUNG: indopazifischer Raum

STROMBUS LENTIGINOSUS

Linné 1758

TRIVIALNAME: Silberschnecke

BESCHREIBUNG: Die Silberschnecke hat ein solides Gehäuse mit einem kurzen, spitzen Gewinde und eine Endwindung mit stumpfen Knötchen. Der verdickte, gebogene Mündungsrand ist von acht breiten, gräulichbraunen Linien überzogen. Das Gehäuse ist hellweiß mit orangebraunen Linien und Flecken. Sie lebt auf Korallensand in einer Tiefe bis zu 4 m.

VERBREITUNG: indopazifischer Raum

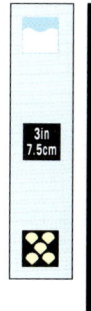

STROMBUS MUTABILIS

(Swainson 1821)

BESCHREIBUNG: Diese Art hat eine große, kantige Endwindung und ein kurzes Gewinde. Mündung und Spindel sind gerippt. Es gibt zahlreiche Farbvariationen, aber gewöhnlich ist die Mündung orange bis violett und hat feine Riefen. Sie lebt auf Sand und Korallen in einer Tiefe von bis zu 20 m.

VERBREITUNG: tropischer indopazifischer Raum

STROMBUS VOMER

(Röding 1798)

TRIVIALNAME: Vomerschnecke

BESCHREIBUNG: Dieses schlanke Gehäuse mit seinen eckigen Windungen und dem fingerartigen Fortsatz am vorderen Ende der Mündung ist selten und bei Sammlern gefragt. Das Äußere ist fahlweiß und rötlich-braun gesprenkelt, das Innere der Mündung orange. Sie lebt auf Sand in flachem Wasser.

VERBREITUNG: Südwestpazifik

TEREBELLUM TEREBELLUM

(Linné 1758)

TRIVIALNAME: Kleine Bohrerschnecke

BESCHREIBUNG: Diese schlanken, glänzenden Gehäuse sind leicht an ihrer geschoßähnlichen Gestalt zu erkennen. Obwohl es sich hier um eine monotypische Klasse handelt, weichen innerhalb der Art Farbe und Muster erheblich voneinander ab (siehe Abbildung). Alle Gehäuse haben eine vergrößerte Endwindung und ein niedriges Gewinde. Die Mündung ist eng. Sie leben in flachen, sandigen Buchten.

VERBREITUNG: indopazifischer Raum

TIBIA POWISI

(Petit 1842)

BESCHREIBUNG: Die wunderbar glatten Apexwindungen dieser Art stehen in seltsamem Gegensatz zu den spiralig gerippten unteren Windungen. Das Gewinde ist lang, die Mündung klein; an der weißen Außenlippe der Mündung haben sich fünf gratähnliche Fortsätze ausgebildet. Der Siphonalkanal bildet einen Hohlgrat. Sie sind hellbeige bis hellbraun. Die Art ist relativ selten, man fischt sie mit Schleppnetzen aus mäßigen Tiefen.

VERBREITUNG: Südwestpazifik bis Australien

ÜBERFAMILIE

CALYPTRAEOIDEA

PANTOFFEL- UND HAUBENSCHNECKEN

Familie Calyptraeidae

Die Pantoffel- und Haubenschnecken sind weltweit verbreitet. Sie haben keinen Horndeckel, sondern eine spiralige Lamelle oder einen trichterförmigen Becher, der die weichen Organe beschützt. Sie leben auf Steinen oder auf anderen Schalentieren und filtern pflanzliche Nahrung aus dem Wasser.

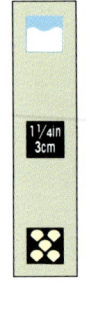

CREPIDULA FORNICATA

(Linné 1758)

TRIVIALNAME: Pantoffelschnecke

BESCHREIBUNG: Diese Art kommt an der amerikanischen Ost- und Nordostatlantikküste vor, nachdem sie mit Austern in England heimisch geworden war. Das hellbraune oder violett-beigefarbene, glatte oder gerippte, gefleckte Gehäuse ist kahnförmig und hat eine sehr große Endwindung. Die Mündung ist teilweise von einer weißen Trennscheibe bedeckt. Die Art lebt in kettenähnlichen Kolonien auf Steinen unterhalb der Gezeitenzone.

VERBREITUNG: östliches Nordamerika, Nordwesteuropa

ÜBERFAMILIE

XENOPHOROIDEA

LASTTRÄGERSCHNECKEN

Familie Xenophoridae

Lastträgerschnecken der Klasse Xenophora können als die ersten echten »Muschelsammler« gelten, da die meisten Arten Meeresorganismen (Korallen, Muscheln) an ihre Gehäuse heften. Es ist nicht bekannt, ob dieses merkwürdige Verhalten eine Art Schutz darstellen, sie verstärken und versteifen oder sie einfach davor bewahren soll, in den Schlamm abzusinken. Sie haben einen Horndeckel und leben in tropischen und warmen Meeren.

ÜBERFAMILIE

CYPRAEOIDEA

PORZELLANSCHNECKEN

Familie Cypraeidae

Kauris, Porzellanschnecken, leben im tropischem Indopazifik. Ihre Gehäuse sind sehr beliebt, da sie bunt, glänzend und glatt sind. Die Mündung ausgewachsener Kauris ist geschlitzt und gezahnt, man findet sie auf der Unterseite, da die Endwindung ganz umläuft und das gesamte Gewinde bedeckt. Es gibt mehr als 200 Arten, alles Allesfresser; lokal gibt es hinsichtlich Größe und Farbe große Schwankungen.

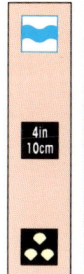

4in
10cm

STELLARIA SOLARIS

(Linné 1758)

TRIVIALNAME: Sonnenstern-Lastträgerschnecke

BESCHREIBUNG: Die hellweiße Sonnenstern-Lastträgerschnecke ist für ihre Klasse untypisch, da sie kein Fremdmaterial an ihrem Gehäuse trägt, auch wenn die Apexwindungen mit Meeresorganismen bedeckt sind. Statt dessen hat sie strahlenförmige, hohle Fortsätze, die ihr das spektakuläre Aussehen verleihen. Diese Fortsätze berühren die darunterliegende Windung, sind aber nicht mit ihr verbunden. Sie lebt küstennah in beträchtlicher Tiefe im Indopazifik; nur selten findet man Exemplare, bei denen die Fortsätze vollkommen sind.

VERBREITUNG: indopazifischer Raum

7½in
19cm

CYPRAEA CERVUS

Linné 1771

TRIVIALNAME: Atlantische Hirschkauri

BESCHREIBUNG: Die Atlantische Hirschkauri, die größte ihrer Klasse, ist in letzter Zeit vermutlich durch zu starkes Sammeln selten geworden; heute findet man nur selten Exemplare, die größer als 15 cm sind. Das erstaunlich leichte braune Gehäuse hat kleine graue Flecken, die sich zu den Seiten hin auflösen, und eine breite Rückenlinie. Das Innere ist hell lavendelfarben. Die Mündung weist abstehende, dunkelbraune Zähne auf. Man findet sie in der niedrigen Gezeitenzone in einer Tiefe von bis zu 20 m.

VERBREITUNG: North Carolina bis Kuba, Bermudas

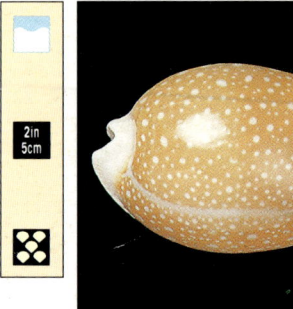

CYPRAEA MILIARIS

Gmelin 1791

TRIVIALNAME: Hirsekauri

BESCHREIBUNG: Diese Flachwasserart mit ihrem leichten Buckelrücken ist im Westpazifik und vor Australien
relativ häufig. Das hellsenffarbene Gehäuse ist mit
kleinen Flecken übersät. Die Rückenlinie ist deutlich zu
erkennen, Basis und Seiten sind weiß. An der Mündung
sitzen rauhe Zähne.
Sie kann bis zu 5 cm groß werden, die Durchschnitts-
größe beträgt jedoch 2,5 cm.

VERBREITUNG: Westpazifik, Nordaustralien

CYPRAEA ARGUS

Linné 1771

TRIVIALNAME: Augenporzellanschnecke

BESCHREIBUNG: Die Oberfläche des gleichmäßigen
Gehäuses ist mit Ringen, »Augen«, verschiedener Größe
bedeckt und weist dunkelbraune Flecken auf beigem
Grund auf. Die Mündung, die vorne größer als hinten
ist, ist mit relativ rauhen Zähnen besetzt. Die hellbraune
Basis weist zwei dunkle Linien auf. Diese seltene
Schnecke lebt auf Korallenriffen im Indischen Ozean
und im Südwestpazifik.

VERBREITUNG: Indischer Ozean, Südwestpazifik

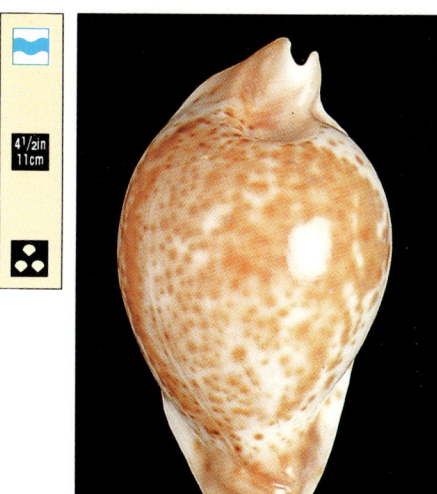

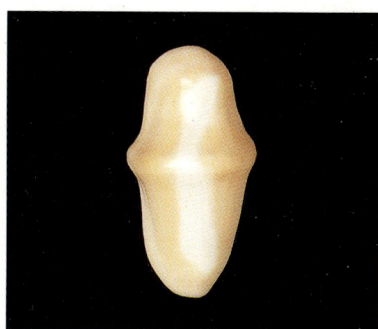

CYPHOMA GIBBOSUM

(Linné 1758)

TRIVIALNAME: Flamingozunge

BESCHREIBUNG: Die Flamingozunge lebt in flachem Wasser auf Hornkorallen und Gorgonien und ist vom Südosten der USA bis nach Brasilien und bis hin zu den Bermudas verbreitet. Sie ist relativ häufig, ihr Gehäuse ist dick und solide und hat eine zentrale, herausgehobene Rippe. Sie ist zart apricotfarben, die (zahnlose) Mündung und die Basis sind hellweiß.

VERBREITUNG: Südosten der USA bis Brasilien, Bermudas

CYPRAEA HESITATA

Iredale 1916

TRIVIALNAME: Nabelkauri

BESCHREIBUNG: Diese eindrucksvolle Kauri mit ihrem buckligen Rücken und gelängtem Anal- und Siphonal-kanal tritt in mehreren Erscheinungsformen auf, ihr taxonomischer Status ist daher unsicher. Das Gehäuse ist grauweiß und mit hellbraunen Flecken übersät. Die Zähne sind kurz und recht fein. Sie lebt küstennah vor Südostaustralien und galt früher als selten, wird aber heute relativ häufig aufgefischt.

VORKOMMEN: Südostaustralien

EISCHNECKEN

Familie Ovulidae

Die Eischnecken oder Falschen Porzel-lanschnecken ähneln Kauris, haben aber nur wenige oder gar keine Zähne an der Mündung. Sie leben in tropischen Mee-ren, vor allem im Indopazifik in Schwammkolonien, auf Weichkorallen, Seefächern oder auf Gorgonien.

OVULA OVUM

(Linné 1758)

TRIVIALNAME: Eischnecke

BESCHREIBUNG: Diese bekannte Art mit ihrem glänzen-den, weißen Rücken und dem orangebraunen Inneren lebt im indopazifischen Raum (einschließlich Australien) in flachem Wasser zwischen schwarzen Schwämmen. Die Mündung verläuft glatt über ihre ganze Länge, die Außenlippe ist an der Unterseite grob gerippt. Das Ge-häuse wird von Eingeborenen oft zum Verzieren von Kanus und als Fischköder verwendet.

VERBREITUNG: Indopazifik

KAURIVERWANDTE SCHNECKEN

Familie Triviidae

Diese Arten ähneln kleinen Kauris, aber ihr Gehäuse glänzt weniger und ist von strahlenförmigen Rippen überzogen. Der Horndeckel fehlt. Die meisten Arten leben in tropischen Meeren und können bei Ebbe unter Steinen und Felsen gefunden werden; sie ernähren sich von inkrustierten Schwämmen.

ÜBERFAMILIE

NATICACEA

NABELSCHNECKEN

Familie Naticidae

Nabelschnecken sind weltweit verbreitet. Alle Arten sind Fleischfresser und ernähren sich zumeist von anderen Mollusken und Krustentieren, deren Gehäuse sie mit ihrer Radula kreisrund anbohren. Die glänzenden Gehäuse sind klein bis mittelgroß, haben ein kurzes Gewinde und große Endwindungen mit einer großen, halbrunden Mündung. Sie haben einen Horndeckel und leben auf Sand oder Schlamm zwischen der Strandzone und tiefem Wasser.

TRIVIA MONACHA

(Da Costa 1778)

TRIVIALNAME: Europäische Kauri

BESCHREIBUNG: Diese Art hat ein kleines, solides Gehäuse, das typisch gerippt ist. Der Rücken ist hellbeige oder hellgrau mit drei dunkleren Flecken, die Basis ist weiß. Sie lebt im Nordostatlantik und im Mittelmeer, wo sie unter Felsen lebt, die bei Ebbe aus dem Wasser ragen. Sie ernährt sich von inkrustierten Schwämmen. Die abgebildeten Exemplare stammen aus Portugal.

VERBREITUNG: Nordostatlantik, Mittelmeer

EUSPIRA LEWISI

(Gould 1847)

TRIVIALNAME: Lewisscher Mond

BESCHREIBUNG: Diese Schnecke ist die größte ihrer Familie, manche Exemplare werden bis zu 10 cm lang. Das Gehäuse ist dick, schwer und kalkweiß, das Innere und die Außenlippe sind hellbraun. Der Nabel liegt offen. Sie lebt auf Sand inner- wie unterhalb der Gezeitenzone. Die hier abgebildete Schnecke stammt aus dem Puget Sound im US-Bundesstaat Washington.

VERBREITUNG: British Columbia bis Baja California

NATICA ALAPAPILIONIS

(Röding 1798)

TRIVIALNAME: Schmetterlingsmond
BESCHREIBUNG: Diese Art hat ein winziges Gewinde und eine große, bauchige Endwindung mit vier Spiralreihen mit braunen Flecken auf hellbeigem Grund; die Mündung und der sie umgebende Bereich sind weiß. Das abgebildete Gehäuse stammt aus Thailand.
VERBREITUNG: Indopazifik

ÜBERFAMILIE
TONNOIDEA

TONNENSCHNECKEN

Familie Tonnidae

Dies ist eine kleine Familie mit dünnen, bauchigen Gehäusen. Sie haben ein niedriges Gewinde und einen großen, spiralig skulptierten Endumgang, der mit einem dünnen Periostrakum überzogen ist. Die Mündung ist vergrößert und hat eine gebogene Außenlippe. Der Nabel ist tief, der Deckel fehlt. Sie leben in tropischen Meeren in tiefem Wasser und ernähren sich von Fischen, Seeigeln, Seegurken und Krustentieren.

NATICA VIOLACEA

Sowerby 1825

TRIVIALNAME: Violetter Mond
BESCHREIBUNG: Aufgrund ihrer ausgeprägten violetten Farbe ist diese Schnecke bei Sammlern sehr beliebt. Sie hat einen bauchigen Endumgang, ein rundes Gewinde und einen kleinen Nabel. Die Mündung ist weiß. Man findet sie in flachem Wasser in einer Tiefe von bis zu 21 m. Die abgebildeten Gehäuse stammen vom Kwajalein-Atoll (Marshall-Inseln) im Westpazifik.
VERBREITUNG: Indopazifik

TONNA SULCOSA

(Born 1778)

TRIVIALNAME: Gestreifte Tonne
BESCHREIBUNG: Die braunen Linien auf cremefarbenem Grund gaben dieser Art ihren Namen. Der Apex ist purpurfarben. Der untere Mündungsrand ist zahnbesetzt, der Siphonalkanal tief. Lebende Tiere sind von einem dunkelbraunen Periostrakum bedeckt. Das abgebildete Exemplar stammt von den Philippinen.
VERBREITUNG: Indopazifik

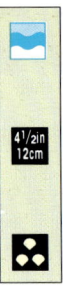

TONNA PERDIX

(Linné 1758)

TRIVIALNAME: Rebhuhntonne

BESCHREIBUNG: Erkennungsmerkmal dieser Art ist die hohe Spitze. Die Endwindung weist flache, breite Spiralreifen auf, ist cremefarben und braun gefleckt. Die Außenlippe ist verdickt, aber nicht gebogen. Das Muster ähnelt dem Gefieder des Rebhuhns. Trotz seiner Größe ist das Gehäuse recht dünnschalig. Sie findet sich küstennah auf Sand im ganzen Indopazifik.

VERBREITUNG: Indopazifik

FICUS SUBINTERMEDIA

(Orbigny 1852)

TRIVIALNAME: Unterstrichene Feige

BESCHREIBUNG: Das Gehäuse dieser Schnecke ist robust. Die grobe, mittel- bis dunkelbraune retikulare Verzierung kontrastiert mit vier oder fünf cremefarbenen Spirallinien, die dunklere Flächen beinhalten. Die Mündung verläuft entlang der Windungen. Das Innere ist mauvefarben, manchmal auch graubraun. Sie lebt in flachem Wasser auf Sand oder in Schlammlöchern.

VERBREITUNG: Indopazifik

HELMSCHNECKEN
Familie Cassidae

Diese große Familie umfaßt
ca. 80 lebende Arten. Helmschnecken
sind mittelgroß bis groß, solide und oft
schwer. Sie haben ein kurzes Gewinde
und eine bauchige Endwindung, die einige Knötchenreihen tragen. Die Mündung
ist lang und hat oft eine verdickte,
gezahnte, manchmal vergrößerte Außenlippe. Der Deckel ist dünn, halbrund und
kalkig. Helmschnecken leben bevorzugt
in warmen Gewässern, wo sie sich zwischen der Strandzone und tiefem Wasser
in den Sand graben. Sie ernähren sich
von Stachelhäutern.

CYPRAECASSIS RUFA

(Linné 1758)

TRIVIALNAME: Bullenmaul
BESCHREIBUNG: Diese Art mit einem dicken, schweren
rötlich-braunen Gehäuse wird auch Kameenschnecke
genannt. Für die Herstellung von Kameen, für die die
Gehäuseschichten reliefartig abgeschliffen werden, im-
portiert man aus Afrika große Mengen nach Italien. Ihr
Gewinde ist niedrig, die Mündung groß. Auf dem Rücken
des Gehäuses befinden sich gerundete Knötchen, die
Außenlippe ist dick und zähnchenbesetzt.
VORKOMMEN: Indopazifik

CASSIS FLAMMEA

(Linné 1758)

TRIVIALNAME: Flammenhelmschnecke
BESCHREIBUNG: Diese Flachwasserschnecke hat ein
niedriges Gewinde und eine knötchenbesetzte, weiß-
braun gesprenkelte Endwindung. Die weiße Mündung
ist dreieckig, die Außenlippe weist einige dunkle Flecken
auf. Der Siphonalkanal ist gedreht und nach oben gebogen.
VERBREITUNG: Bermudas, Florida, Karibik

PHALIUM AREOLA

(Linné 1758)

TRIVIALNAME: Gescheckte Helmschnecke
BESCHREIBUNG: Diese ovale Muschel hat eine
glatte, glänzende Oberfläche, die einige orangebraune
Flächen aufweist. Das Gewinde hat mehrere abstehende
Varices. Die Mündungslippe ist dünn und gefaltet, am
äußeren Rand sind 20 scharfe Zähne. Sie lebt küsten-
nah in sandigem Schlamm innerhalb der Strandzone.
VERBREITUNG: Westindopazifik

TRITONSHÖRNER

Familie Ranellidae

Tritonshörner haben mittelgroße, feste Gehäuse mit starken Varices, Spiralbändern und knotiger Skulptur. Lebende Exemplare sind von einem dicken, haarigen Periostrakum überzogen. Die Außenlippe ist verdickt, häufig gezahnt, die Spindel gefaltet, der Horndeckel dick.

Tritonshörner sind weit verbreitet, wohl weil einige Arten Veligers produzieren. Sie leben auf Korallen- und Felsriffen zwischen Strandzone und tiefem Wasser und ernähren sich von Seeigeln und Weichtieren.

CHARONIA TRITONIS

(Linné 1758)

TRIVIALNAME: Trompetenschnecke

BESCHREIBUNG: Diese größte und bekannteste Art hat ein hohes elegantes Gewinde, runde Windungen und eine typische Farbgebung. Die Mündung ist tieforange, die große Lippe hat weiße Kanäle zwischen den Zähnen am Rand. Sie wird oft als Trompete benutzt; hierfür bohrt man ein Loch neben den Apex, in das dann ein Mundstück eingesetzt wird. Sie lebt in flachem Wasser auf Korallenriffen.

VERBREITUNG: Indopazifik

RANELLA OLEARIUS

(Linné 1758)

TRIVIALNAME: Wanderndes Tritonshorn

BESCHREIBUNG: Diese Art ist sehr weit verbreitet. Obwohl die Gehäuse hinsichtlich Größe, Dicke und Farbe variieren, erkennt man sie leicht an ihrer Form, der abgerundeten Endwindung und dem hohen Gewinde mit zwei seitlichen schiefen Varices. Die fast runde Mündung hat oben einen kleinen Kanal, die Außenlippe ist mit ca. 17 Zähnen besetzt. Diese Schale fand sich in großer Tiefe vor der Küste Südostitaliens.

VERBREITUNG: Karibik, Mittelmeer, Afrika, Australien, Neuseeland

CYMATIUM PARTHENOPEUM

(v. Salis 1793)

TRIVIALNAME: Neapolitanisches Tritonshorn

BESCHREIBUNG: Die große Mündung dieser weit verbreiteten Art mit aufliegenden Schalenspiralreifen und einem mittelhohen Gewinde hat auf der verdickten Außenlippe sechs Zähne und eine gerippte Spindel. Sie lebt küstennah in einer Tiefe von bis zu 60 m. Lebende Exemplare haben ein borstiges Periostrakum, das die gesamte Schale bedeckt. Das abgebildete Gehäuse stammt aus Südostafrika.

VERBREITUNG: weltweit in tropischen und warmen Meeren

FROSCHSCHNECKEN

Familie Bursidae

Froschschnecken ähneln auf den ersten Blick Tritonshörnern, unterscheiden sich von diesen aber durch die kurze Siphonalrinne am unteren Ende der Mündung. Die Schale ist dick und schwer und hat eckige, von Knötchen und Varices skulptierte Windungen. Die Außenlippe ist dick und gebogen, der dicke Horndeckel hat einen Randnukleus. Sie leben auf Sand, Schlamm oder Korallen- und Felsriffen in flachem Wasser und ernähren sich von Meereswürmern.

ÜBERFAMILIE

EPITONIOIDEA

WENDELTREPPEN

Familie Epitoniidae

Wendeltreppen sind weltweit verbreitet; es gibt ca. 200 lebende Arten dieser fein ornamentierten Schnecken. Die kleinen bis mittelgroßen Gehäuse sind oft leicht gewunden und weisen abstehende Axialvarices oder eine gitterförmige Skulptur auf. Die runde Mündung hat eine verdickte Lippe und einen Horndeckel. Wendeltreppen leben in unterschiedlich tiefen Gewässern und ernähren sich von Korallen und Seeanemonen.

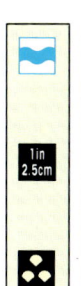

BURSA THOMAE

(Orbigny 1842)

TRIVIALNAME: St. Thomas-Froschschnecke

BESCHREIBUNG: Diese kleine Art hat nur wenige Knötchenreihen, die Varices bilden eine Linie. Die Außenlippen sind gebogen, die helle Lavendelfarbe der Mündung kontrastiert mit dem beigefarbenen Grundton der Schale. Sie ist recht verbreitet und lebt auf oder unter Felsen in einer Tiefe von bis zu 75 m.

VERBREITUNG: South Carolina bis Brasilien, Kapverdische Inseln

EPITONIUM SCALARE

(Linné 1758)

TRIVIALNAME: Echte Wendeltreppe

BESCHREIBUNG: Diese Art wurde in letzter Zeit häufig vor Taiwan und den Philippinen aufgefischt. Das große aufgerollte Gehäuse ist weiß oder cremefarben. Die gerundeten Windungen sind durch breite, scharfe Varices, die sich an der offenen Naht berühren, voneinander getrennt. Der große Nabel ist offen. Sie lebt bis zu einer Tiefe von 30 m, aber auch in ganz flachem Wasser. Im 18. Jahrhundert soll sie angeblich so selten gewesen sein, daß in China Repliken aus Reispaste hergestellt wurden.

VERBREITUNG: von Japan bis zum Südwestpazifik

EPITONIUM CLATHRUM

(Linné 1758)

TRIVIALNAME: Europäische Wendeltreppe

BESCHREIBUNG: Tote Schnecken finden sich oft in Gehäuseresten zwischen Steinen. Das Gehäuse ist klein, eng, aber robust und hat viele Varices, die die gerundeten Windungen zusammenhalten. Ihre Farbe variiert zwischen Weiß und Hellbraun, durchzogen von einer Reihe dünner brauner spiraliger Linien.

VERBREITUNG: Nordostatlantik, Mittelmeer

JANTHINA JANTHINA

(Linné 1758)

TRIVIALNAME: Floßschnecke

BESCHREIBUNG: Diese größte Art der Familie weist in ihrer Gehäuseform beträchtliche Variationen auf, aber da lebende Exemplare vor Ort schwierig zu beobachten sind, ist dieses Phänomen kaum zu erklären. Einige Gehäuse haben ein niedriges, rundes Gewinde, andere ein mittelgroßes mit fast abgeflachten Windungen. Die Endwindung ist aber stets groß und bauchig. Schwere Stürme spülen sie weltweit an Land. Die hier abgebildeten Exemplare stammen aus dem nördlichen Queensland.

VERBREITUNG: weltweit in tropischen Meeren

FLOSSCHNECKEN

Familie Janthinidae

Die typische violette Farbe dieser Arten gab ihnen ihren Namen und machte sie beliebt. Die kleinen bis mittelgroßen Gehäuse sind dünnschalig. Die bauchige Endwindung, die erweiterte Mündung und der fehlende Deckel passen zu ihrer pelagischen »Lebensweise«; sie treiben mittels eines »Floßes« aus von erhärtetem Schleim umhüllten Luftblasen über die Weltmeere und ernähren sich von Quallen und Schneckenlarven.

ÜBERFAMILIE

MURICACEA

STACHELSCHNECKEN

Familie Muricidae

Es gibt weltweit mehr als 1 000 Arten. Sie haben ein hohes, spitzes Gewinde. Der Siphonalkanal kann als langer Stachelfortsatz ausgebildet, die ovale Mündung gezahnt sein. Ein horniges Operculum ist vorhanden. Die Windungen können glatt, wulstig oder stachelig sein oder starke Varices aufweisen. Sie leben auf Steinen, Korallen, Sand oder Schlamm in der Gezeitenzone, aber auch in großen Tiefen und ernähren sich von Mollusken, Korallen und Meereswürmern.

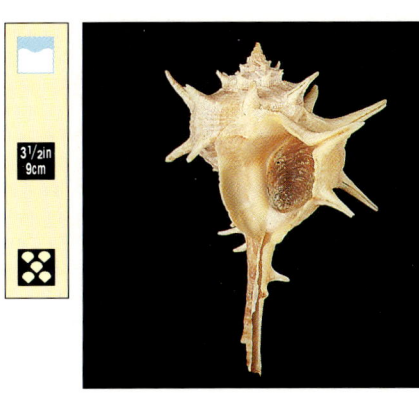

BOLINUS BRANDARIS

(Linné 1758)

TRIVIALNAME: Brandhorn

BESCHREIBUNG: Aus dieser Art stellten die Römer Purpur her. Das keulenförmige Gehäuse variiert in der Skulpturbildung, es können Stacheln vorhanden sein. Normalerweise ist die Schale außen hellbraun und innen dunkelbraun. Sie lebt in sandreichen Gebieten in flachem Wasser unterhalb der Strandzone.

VERBREITUNG: Mittelmeer, Nordwestafrika

HEXAPLEX TRUNCULUS

(Linné 1758)

TRIVIALNAME: Purpurschnecke

BESCHREIBUNG: Diese Art lebt nur im Mittelmeer und wird auch zur Herstellung von tyrischem Purpur verwendet. Die zwei abgebildeten Exemplare zeigen die möglichen Formvariationen, eine braune Farbe weisen aber alle auf. Die Endwindung ist groß, das Gewinde spitz. Durch ihren kurzen, breiten Siphonalkanal ist sie leicht von der Art *Bolinus brandaris* zu unterscheiden.

VERBREITUNG: Mittelmeer

HAUSTELLUM HAUSTELLUM

(Linné 1758)

TRIVIALNAME: Schnepfenschnabel

BESCHREIBUNG: Das Gehäuse ähnelt seitlich einem Vogelkopf. Innerhalb ihrer Klasse ist sie die größte Art, das solide Gehäuse hat ein niedriges Gewinde. Die bauchige, vergrößerte Endwindung hat einen langen, geraden Siphonalkanal, der am Vorderteil entlang verlaufen kann. Die Windungen haben dünne Strichzeichnungen und niedrige runde Wülste. Das Gehäuse weist verschiedene Brauntöne auf, die mit dem rosafarbenen Inneren kontrastieren. Man findet sie in flachem Wasser.

VERBREITUNG: Indopazifik

MUREX PECTEN

Lightfoot 1786

TRIVIALNAME: Venuskamm

BESCHREIBUNG: Diese Murexart hat lange, gebogene Spiralreifen, die so zerbrechlich anmuten, daß man sich fragt, wie diese fragile Art überleben kann. Die Windungen sind rundlich-bauchig und weisen viele Spiralreifen auf. Das Gehäuse ist hellbeige bis braun, die Mündung weiß. Sie lebt küstennah auf Sand. Das abgebildete Exemplar stammt von den Philippinen.

VERBREITUNG: Indopazifik

DRUPA MORUM

Röding 1798

TRIVIALNAME: Violette Drupa

BESCHREIBUNG: Diese Art erkennt man am niedrigen Gewinde, der großen wuchtigen Endwindung und der gezahnten violetten Mündung. Die Außenlippe der Mündung bildet Fortsätze aus. Sie ist weißgrau mit schwarzen Knötchen und relativ häufig; man findet sie auf tropischen Korallenriffen innerhalb der Strandzone. Sie ernährt sich von kleinen wirbellosen Tieren.

VERBREITUNG: Indopazifik

PURPURA PATULA

(Linné 1758)

TRIVIALNAME: Weitmäulige Purpurschnecke

BESCHREIBUNG: Diese bekannte Art hat eine große Endwindung und ein relativ kurzes Gewinde. Die Mündung ist groß, die Außenlippe ein wenig gezahnt. Das Äußere ist mit Reihen stumpfer Wülste und zarter Spiralreifen skulptiert. Das stumpfe Graubraun der Oberfläche kontrastiert mit dem satten Orange der Spindel und dem grauweißen Inneren. Sie lebt auf Felsriffen innerhalb der Strandzone.

VERBREITUNG: Südostflorida, Karibik

OCINEBRA ERINACEUS

(Linné 1758)

TRIVIALNAME: Stachelstrandschnecke

BESCHREIBUNG: Dieser Austernschädling hat viele Erscheinungsformen. Sie hat einen spitzen Apex und eine große Endwindung mit bis zu neun Varices, die mit länglichen Plättchen bedeckt sind. Sie weist viele Braunschattierungen auf, die Mündung ist weiß. Sie lebt unterhalb der Strandzone und ernährt sich von Muscheln.

VERBREITUNG: Nordwesteuropa bis Westafrika

NUCELLA LAPILLUS

(Linné 1758)

TRIVIALNAME: Nordische Purpurschnecke

BESCHREIBUNG: Das kräftige Gehäuse dieser Art kann glatt oder regelmäßig kragenartig gerippt sein und ernährt sich von Rankenfüßern und anderen Mollusken.

Die beträchtlichen Farb- und Musterunterschiede der abgebildeten Exemplare aus Cornwall können durch unterschiedliche Beutetiere bewirkt worden sein.

VERBREITUNG: Nordostamerika, Westeuropa

BABELOMUREX SPINOSUS

(Hirase 1908)

TRIVIALNAME: Stachel-Latiaxis

BESCHREIBUNG: Diese Art trägt ihren Namen zu Recht (siehe Abbildung). Diese zarten Gehäuse sind grau-weiß, cremefarben oder hellbraun. Sie haben ein hohes Gewinde, eckige Windungen und einen kurzen, engen, gekurvten Siphonalkanal. Man findet sie küstennah unterhalb der Gezeitenzone.

VERBREITUNG: von Japan bis zu den Philippinen, Australien

LATIAXIS

Familie Coralliophilidae

Latiaxis mit ihren exquisiten Gehäuse-formen und zarten Farben erzielen hohe Preise. Die Gehäuse variieren in Größe und Form und haben kurze oder lange Siphonalkanäle. Die Windungen sind glatt oder mit Stacheln bedeckt, ein brauner Horndeckel ist stets vorhanden. Im Gegensatz zu Stachelschnecken haben sie keine Radula. Sie leben in flachem bis tiefem Wasser und ernähren sich von Korallen und Seeanemonen.

BABELOMUREX LISCHKEANUS

(Dunker 1882)

TRIVIALNAME: Lischke-Latiaxis

BESCHREIBUNG: Diese weitverbreitete Art mit ihrem pagodenähnlichen Äußeren kann je nach Fundort unterschiedlich aussehen, aber die wirkliche Schönheit ihrer aufwärtsgekrümmten Stachelfalten und der dreieckigen Schulterstacheln erkennt man erst unter der Lupe. Man findet sie in relativ tiefem Wasser.

VERBREITUNG: Japan, Philippinen, Australien, Neuseeland

CORALLIOPHILA VIOLACEA

(Kiener 1836)

TRIVIALNAME: Violette Korallenschnecke

BESCHREIBUNG: Diese Art mit einer bauchigen Schale hat eine große Endwindung und ein niedriges Gewinde, ist normalerweise stark verkrustet und lebt unter Korallen verborgen. Zarte Spiralreifen finden sich an exponierten Stellen. Die dunkelviolette Mündung mit ihren feinen spiraligen Rippen ist typisch für sie. Das abgebildete Exemplar stammt von den Philippinen.

VERBREITUNG: Indopazifik

WELLHORNSCHNECKEN

Familie Buccinidae

Die Arten dieser Familie haben unterschiedlich große, bauchige Gehäuse mit eikegelförmigen Gewinden. Die Mündung ist vergrößert und glatt und weist häufig eine verdickte Außenlippe auf. Die Windungen sind glatt oder mit radialen Rippen und Spiralreifen skulptiert. Die Länge des Siphonalkanals variiert, ein dünner brauner Horndeckel ist vorhanden. Sie leben zwischen der Strandzone und tiefem Wasser zwischen Steinen, auf Korallen oder Sand und ernähren sich von Muscheln, Würmern und Aas.

RAPA RAPA

(Linné 1758)

TRIVIALNAME: Rettichschnecke

BESCHREIBUNG: Sie hat ein dünnschaliges, großes, bauchiges Gehäuse mit einem niedrigen Gewinde und einem spitzen Apex, der in der Endwindung aufgeht. Sie lebt in Korallen eingebettet, von denen sie sich ernährt, und ist weiß, manchmal auch orangefarben.
Die Mündung ist stets weiß, die Windungen von spiraligen Reifen bedeckt. Der dünne Horndeckel ist zu klein, um die Mündung wirksam zu verschließen.

VERBREITUNG: Südwestpazifik

BUCCINUM UNDATUM

Linné 1758

TRIVIALNAME: Eßbare Europäische Wellhornschnecke

BESCHREIBUNG: Diese bekannte Art, die auch als Nördliche Wellhornschnecke bekannt ist, dient seit Jahrhunderten als Nahrung. Sie lebt in unterschiedlich tiefen Gewässern. Ihre Erscheinungsform variiert, normalerweise ist sie graubraun. Lebende Exemplare sind von einem grünlich-braunen Periostrakum überzogen. Sie ernährt sich hauptsächlich von Aas. Manchmal stößt man auf linksgewundene Exemplare.

VERBREITUNG: Nordosten der USA, Westeuropa

NEPTUNEA TABULATA

Baird 1863

TRIVIALNAME: Tafelneptunschnecke

BESCHREIBUNG: An ihren typischen, gesimsähnlichen Schulterwindungen ist diese Art, die in einer Tiefe von ca. 300 m lebt, leicht zu erkennen. Das Gehäuse ist gelblich-weiß. Sie hat ein hohes Gewinde und eine lange Endwindung, die längliche Mündung hat eine scharfkantige Außenlippe.

VERBREITUNG: Westkanada bis Kalifornien

TÄUBCHENSCHNECKEN

Familie Columbellidae

Die große Familie der Täubchenschnecken mit zumeist kleinen glatten, soliden und hellen Gehäusen lebt zwischen der Strandzone und tiefem Wasser in warmen und tropischen Meeren. Die Mündung ist lang und verdickt und hat eine gezahnte Außenlippe. Die Windungen sind glatt oder weisen Axial- oder Spiralreifen auf. Ein langer Horndeckel ist vorhanden. Man findet sie unter Steinen oder auf Sand, Schlamm oder Algen; sie sind Aasfresser. Es gibt mehr als 400 Arten.

PHOS SENTICOSUS

(Linné 1758)

TRIVIALNAME: Phoswellhornschnecke

BESCHREIBUNG: Diese schöne kleine Art, auch Dornen-Thos genannt, findet man auf tropischem Gezeitensand und in Schlammgebieten in einer Tiefe von bis zu 10 m. An den Kreuzungspunkten von Axial- und Spiralskulptur hat sie scharfe Knoten. Der Siphonalkanal ist kurz, an der Basis der Spindel gibt es bis zu vier nur gering ausgebildete Grate. Sie ist cremeweiß bis braun – manche Exemplare sind auch gestreift –, und ihre Mündung ist weiß oder lavendelfarben.

VERBREITUNG: indopazifischer Raum

COLUMBELLA MERCATORIA

(Linné 1758)

TRIVIALNAME: Täubchenschnecke

BESCHREIBUNG: Die Spitze dieser kleinen robusten Art fehlt häufig. Das Gewinde ist recht kurz und die große Endwindung von einer Reihe dünner Spiralbänder skulptiert. Die Mündung hat eine gezahnte Außenlippe und eine gerippte Spindel. Das Gehäuse ist weiß und mit verschiedenen orangefarbenen oder braunen Flecken gesprenkelt. Sie lebt unter Steinen in flachem Wasser.

VERBREITUNG: Florida bis Brasilien, Bermudas

SAND- UND REUSEN-SCHNECKEN

Familie Nassariidae

Die Arten der großen Familie der Sand- und Reusenschnecken oder »Nassa« haben kleine, solide, eiförmige, häufig wulstige Gehäuse. Die gerundete Mündung ist an der Basis eingekerbt. Die Spindel hat eine schwielige Ablagerung, der kleine Horndeckel einen gezackten Rand. Sie leben gewöhnlich auf Gezeitensand und in Schlammgebieten, einige Arten auch auf Sand oder Korallen unterhalb der Strandzone. Sie sind Aasfresser und ernähren sich auch von toten Mollusken.

KRONEN- UND RIESEN-SCHNECKEN

Familie Melongenidae

Zu dieser Familie gehören die Riesenschnecken, die mittelgroße bis sehr große, solide und unterschiedlich geformte Gehäuse haben. Die Endwindung ist vergrößert und an der Schulter oft wulstig oder stachlig. Die erweiterte Mündung hat eine glatte Spindel. Der Horndeckel ist dick. Riesenschnecken findet man auf Sand, Schlamm oder unterhalb der Strandzone; sie ernähren sich von Muscheln und Aas.

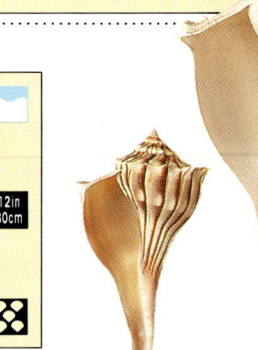

NASSARIUS PULLUS

(Linné 1758)

TRIVIALNAME: Schwarze Reusenschnecke

BESCHREIBUNG: Die Windungen dieses kleinen Gehäuses sind von einigen dünnen Axialrippen skulptiert, die mehrere Radialbänder kreuzen. Die Schale ist hellgrau bis braun und hat oft braune spiralige Bänder. Der glasierte Parietalschild und die Spindel sind cremefarben. Sie lebt in schlammigen Gebieten.

VERBREITUNG: indopazifischer Raum

BUSYCON CONTRARIUM

(Conrad 1840)

TRIVIALNAME: Blitzschnecke

BESCHREIBUNG: Diese Art ist anhand des linksgewundenen Gehäuses leicht zu erkennen, es gibt aber auch einige rechtsgewundene. Die Schale hat ein niedriges Gewinde und eine vergrößerte Endwindung, an der Schulter sind die Windungen oft stachelbesetzt. Junge, dunkelgestreifte Gehäuse haben eine ausgeprägte Farbe. Die Blitz-Streifen sind auf sehr großen beigen Gehäusen viel undeutlicher. Diese Art lebt im Sand unterhalb der Strandzone in einer Tiefe von 30 m.

VERBREITUNG: Südosten der USA

MELONGENA CORONA

(Gmelin 1791)

TRIVIALNAME: Florida-Kronenschnecke

BESCHREIBUNG: Bei dieser Art entwickelt sich der Nachwuchs direkt in der Eikapsel, um bereits ausgewachsen zu schlüpfen. Die Populationen isolieren sich voneinander und bilden eigene Merkmale aus. Die Schale ist grauweiß mit grauen, braunen oder orangefarbenen Spiralbändern. Dünne Axialfurchen und grobe, starke Wachstumslinien sind vorhanden. Am unteren Teil der Endwindung befindet sich eine einzelne, gebrochene Spiralrippe.

VERBREITUNG: Florida bis Nordostmexiko

TULPENSCHNECKEN

Familie Fasciolariidae

Diese Schneckenarten, auch Spindelschnecken genannt, haben mittelgroße bis große, spitze Gewinde, die oft von Wülsten und Spiralbändern skulptiert sind. Die Mündung ist oval, die Spindel gerippt. Die lebende Schnecke ist von einem braunen Periostrakum überzogen, ein ovaler Horndeckel ist vorhanden. Tulpenschnecken leben auf Sand oder Korallenriffen zwischen der Strandzone und tiefem Wasser und ernähren sich von Würmern, Muschelmollusken oder Aas.

SYRINX ARUANUS

(Linné 1758)

TRIVIALNAME: Australische Trompetenschnecke

BESCHREIBUNG: Diese Art wird bis zu 75 cm groß. Ihre satte orangebraune Farbe ist bei lebenden Exemplaren von einem dicken, groben, braunen Periostrakum überzogen. Die beschädigte Spitze ausgewachsener Gehäuse resultiert aus dem abgebrochenen Vorkegel. Die Endwindung ist groß, alle Windungen haben dünne Spiralrippen verschiedener Weite. Sie lebt zwischen der flachen Strandzone und einer Tiefe bis zu 10 m. In den letzten Jahren wurde sie zu stark gesammelt und steht heute in Australien unter Naturschutz.

VERBREITUNG: Nordaustralien

FASCIOLARIA LILIUM HUNTERIA

(Perry 1811)

TRIVIALNAME: Gestreifte Tulpenschnecke

BESCHREIBUNG: Die braunen Streifen, die abgerundete Spitze und die glatten Windungen sind für diese Art typisch. Das Gehäuse ist dunkelgrau mit gelblichen Streifen oder gelblichbeige. An der Naht gibt es keine Rippen- oder Knotenbildung. Der Horndeckel ist oval. Sie lebt zwischen der Strandzone und tiefem Wasser in einer Tiefe von ca. 12 m.

VERBREITUNG: North Carolina bis Texas

2in
5cm

FUSINUS NICOBARICUS

(Röding 1798)

TRIVIALNAME: Nicobarspindelschnecke

BESCHREIBUNG: Diese relativ kleine, stämmige Spindelschnecke hat grob skulptierte Windungen mit wulstigen Schultern und starken spiraligen Rippen. Die Endwindung weist eine zweite Spiralrippe auf. Sie ist grauweiß und mit unregelmäßigen braunen Flecken übersät. Die Mündung ist weiß, in der Außenlippe sitzen einige Zähne.

VERBREITUNG: indopazifischer Raum

WALZENSCHNECKEN
Familie Volutidae

Walzenschnecken bilden eine große, bei Sammlern beliebte Familie mit mittelgroßen bis großen Gehäusen. Die meisten Arten sind farbig und gemustert; sie haben eine enge oder erweiterte Mündung, eine gerippte Spindel und normalerweise eine glatte Skulptur. Einige Arten besitzen ein Operculum. Sie leben hauptsächlich an der australischen Küste in flachem Wasser unterhalb der Strandzone in Sand, Schlamm oder lockerem Gestein. Als Fleischfresser ernähren sie sich von Muscheln, Schnecken oder Krustentieren.

4in
10cm

FUSINUS AUSTRALIS

(Quoy & Gaimard 1833)

TRIVIALNAME: Australische Spindelschnecke

BESCHREIBUNG: Die kantigen Windungen dieser schönen, orangebraunen Art sind von starken Spiralreifen skulptiert. Die Schultern sind mit knotigen Vorsprüngen bedeckt. Ein Horndeckel ist vorhanden, die Mündung ist weiß. Sie lebt in flachem Wasser.

VERBREITUNG: Süd- und Westaustralien

10in
26cm

LIVONIA MAMMILA

(Sowerby 1844)

TRIVIALNAME: Säugetierwalzenschnecke

BESCHREIBUNG: Auch bekannt als Falsche Melonenwalzenschnecke. Das Gehäuse ist hellorange- oder cremefarben mit unregelmäßigen braunen Schnörkeln, die allerletzte Windung ist dunkelbraun. Die Mündung ist breit, die Außenlippe erweitert und ausgestellt und zeigt das satt orangefarbene Innere. Sie lebt in Südostaustralien in tiefem Wasser in einer Tiefe von ca. 200 m.

VERBREITUNG: Südostaustralien

MELO AMPHORA

(Lightfoot 1786)

TRIVIALNAME: Australischer Schöpfer

BESCHREIBUNG: Dies ist die größte Schneckenart innerhalb ihrer Familie, sie wird bis zu 38 cm groß. Ihr Trivialname erklärt sich daher, daß sie von Eingeborenen
und Inselbewohnern der Torres Straits zum Ausschöpfen
der Kanus benutzt wurde. In letzter Zeit haben taiwane-
sische Fischer zahlreiche Exemplare gefangen; heute ist
sie leichter in Taiwan zu erwerben.

VERBREITUNG: tropisches Australien, Papua-Neuguinea

VOLUTOCONUS BEDNALLI

(Brazier 1878)

TRIVIALNAME: Bednall-Walzenschnecke

BESCHREIBUNG: Die dunkelbraune, gitterähnliche
Zeichnung über der cremefarbenen Basis macht diese
Art zur eindrucksvollsten Walzenschnecke; sie erzielt
hohe Preise bei Sammlern. Die erweiterte Endwindung
nimmt mehr als die Hälfte der Schale ein, die Mündung
ist lang und gibt das fahlviolette Innere preis. Sie lebt im
Northern Territory Nordwestaustraliens, vorzugsweise in
sandigen Gebieten in einer Tiefe von 10 m bis 100 m.

VERBREITUNG: Nordwestaustralien

AMORIA ELLIOTI

(Sowerby 1864)

TRIVIALNAME: Elliot-Walzenschnecke

BESCHREIBUNG: Diese eindrucksvolle Art lebt in Nordwestaustralien. Ihr glattes, glänzendes Äußeres hat sie
seit ihrer ersten Klassifizierung sehr beliebt werden lassen. Das Gewinde ist niedrig, und die große Endwindung verjüngt sich in Richtung des Siphonalkanals. An
ihrer Form und ihrem bewegten dunkelbraunen Muster
auf cremefarbenem Grund, das mit dem sattbraunen
Inneren kontrastiert, ist diese Art leicht zu erkennen.

VERBREITUNG: Nordwestaustralien

PARAMORIA GUNTHERI

(E. A. Smith 1886)

TRIVIALNAME: Gunther-Walzenschnecke

BESCHREIBUNG: Die schöne, schokoladenbraune, wellenförmige Linienzeichnung, die zwei gleichfarbige Bänder auf violett-cremefarbenem Grund kreuzen, ist außergewöhnlich. Mündungsränder und Spindel sind cremefarben, das Innere pfirsichfarben. Der Glückspilz, der dieses Exemplar aus einer Tiefe von 16 m von einem Granitriff vor Memory Cove, Thorny Passage, hochholte, muß sich über diesen Fund sehr gefreut haben, denn diese Muschel lebt normalerweise in einer Tiefe von 40 m bis 80 m.

VERBREITUNG: Südaustralien

SCAPHELLA JUNONIA

(Lamarck 1804)

TRIVIALNAME: Junowalzenschnecke

BESCHREIBUNG: Die fast gerade verlaufende Endwindung weist ein Muster von beeindruckenden dunkelbraunen Flecken auf weißem Grund auf. Sie ist spindelförmig und hat eine lange, sich verjüngende Endwindung und ein bescheidenes Gewinde. Die lange Mündung enthüllt ein cremefarben-violettes Innere, auf dem sich die braunen Flecken des Außengehäuses fortsetzen können. Diese Art ist selten, da sie nur in Ausnahmefällen an Land gespült wird, auch wenn sie in einer Tiefe von 15 m bis 75 m häufig vorkommt.

VERBREITUNG: Südosten der USA

HARFENSCHNECKEN

Familie Harpidae

Die weltweit verbreiteten Harfenschnecken sind Fleischfresser. Die meisten Arten leben in flachem Wasser, einige in einer Tiefe von 180 m. Es gibt vierzehn verschiedene lebende Arten. Sie ernähren sich zumeist von Krustentieren, die sie mit klebrigem Speichel und Sand ummanteln. Das Gehäuse hat starke Axialrippen, eine breite Mündung und eine glatte Spindel. Ein Deckel fehlt.

HARPA HARPA

(Linné 1758)

TRIVIALNAME: Echte Harfenschnecke

BESCHREIBUNG: Diese Art kommt häufig auf Sandschlamm in tiefem Wasser des Indopazifiks – bis zum Großen Barrierriff – vor. Die Farbe des Gehäuses variiert, das niedrige Gewinde und die breiten oder engen Rippen mit den schwarzen Streifen sind typisch für sie. Auf den Schultern sitzen scharfe Stacheln. Harfenschnecken heißen so wegen ihrer glatten Rippen, die regelmäßig um die Windungen verlaufen und den Saiten einer Harfe ähneln.

VERBREITUNG: Indopazifik

VASENSCHNECKEN

Familie Vasidae

Vasen- oder Schalenschnecken gehören
zu einer kleinen Familie mit ungefähr
25 lebenden Arten, die auf tropischen
Korallenriffen leben. Die schweren,
ziemlich dicken Gehäuse haben an der
Spindel drei bis fünf Spiralreifen und sind
mit kurzen oder langen Stacheln bewehrt.
Sie haben einen Chitindeckel,
sind Fleischfresser und ernähren sich
von Meerwürmern und kleinen
Muscheln.

PAGODENSCHNECKEN

Familie Vasidae

Pagodenschnecken werden hier als
Unterfamilie der Vasidae geführt. Einige
Experten stufen sie als eigene Familie,
Columbariidae, ein. Es gibt ungefähr
30 Tiefseearten, die weltweit in tropi-
schen Gewässern leben. Typisch für diese
kleinen Gehäuse sind ein langer
Siphonalkanal und Stacheln an den
Windungsabsätzen. Ein Chitindeckel
ist vorhanden.

ALTIVASUM FLINDERSI

(Verco 1914)

TRIVIALNAME: Flinders-Vasenschnecke
BESCHREIBUNG: Diese Art lebt küstennah in tiefem
Wasser vor der Küste Süd- und Westaustraliens, die
größte Art wird bis zu 15 cm lang. Das Gewinde ist
hoch und so lang wie die Endwindung. Die Farbgebung
variiert von Weiß über Pfirsichfarben bis zu Tieforange.
Die Mündung ist klein, die dünne Außenlippe gewellt.
Das größere der abgebildeten Gehäuse stammt aus
Westaustralien, das kleinere aus der Coffin's Bay in
Südaustralien.
VORBREITUNG: Süd- und Westaustralien

COLUMBARIUM SPINICINCTUM

(v. Martens 1881)

TRIVIALNAME: Stachlige Pagodenschnecke
BESCHREIBUNG: Diese zarte, leichte Art ist selten. Man
findet sie in Ostaustralien, am häufigsten in einer Tiefe
von 90 m vor der Küste von Queensland. Das Gehäuse
ist beige mit einer braunen Strichzeichnung, die Windungen sind eckig und in der Mitte mit einigen scharfen,
spiraligen dreieckigen Stacheln besetzt. Der lange, enge
Siphonalkanal ist leicht gezackt.
VERBREITUNG: Ostaustralien

OLIVENSCHNECKEN

Familie Olividae

Diese kleinen bis mittelgroßen, zylindrischen Gehäuse sind eingebuchtet und haben eine verschwielte Spindel, die häufig gefaltete Grate aufweist. Die Gattung *Oliva* hat keinen Deckel; nur wenige Arten haben einen dünnen Horndeckel. Sie leben zwischen der Strandzone und tiefem Wasser und graben sich auf der Suche nach Muscheln und Krustentieren im Sand ein.

OLIVA PORPHYRIA

(Linné 1758)

TRIVIALNAME: Zeltolive

BESCHREIBUNG: Diese Art ist die größte ihrer Gattung. Sie hat ein niedriges Gewinde mit einer scharfen Apexwindung und einer ziemlich langen, großen und geschwollenen Endwindung. Die Spindel ist gefaltet. Der hellviolett-rosafarbene Grundton weist sattbraune Markierungen auf, die sogenannten Zelte.

Wie andere Arten dieser Familie auch verbirgt sie sich tagsüber im Sand und geht nachts auf Nahrungssuche. Sie lebt im Sand zwischen der Strandzone und tiefem Wasser von ca. 20 m.

VERBREITUNG: Golf von Kalifornien bis Panama

3 1/2 in
9 cm

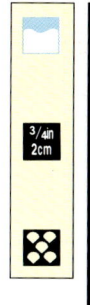

OLIVA CARNEOLA

(Gmelin 1791)

TRIVIALNAME: Karneololive

BESCHREIBUNG: Die Erscheinungsform dieser Art ist sehr unterschiedlich. Die charakteristische weiße Schale weist zwei verschiedenfarbige Bänder auf. Auf Sand in flachem Wasser kommt sie häufig vor; Eingeborene benutzten sie oft als Schmuck, u.a. für Halsketten sowie zu Dekorationszwecken.

VERBREITUNG: tropischer Indopazifik

OLIVA AUSTRALIS

(Duclos 1835)

TRIVIALNAME: Australische Olive

BESCHREIBUNG: Diese Flachwasserart ist eine der wenigen Olivenschnecken, die hinsichtlich Farbe und Form variieren, auch wenn einige Gehäuse ausgebleicht sein können. Der cremeweiße Grund weist zarte braune Striche und Schnörkel auf. Das Gewinde ist hoch, das Gehäuse schlank und spindelförmig.

VERBREITUNG: Australien, Neuguinea

OLIVA OLIVA

(Linné 1758)

TRIVIALNAME: Olivenschnecke

BESCHREIBUNG: Diese Art, der Haupttypus der Olivenschnecke, variiert stark hinsichtlich Farbe und Form, deshalb trägt sie auch viele verschiedene Namen. Die typische längliche Form mit einem niedrigen Gewinde und mit einem dunkelgrauen Inneren unterscheidet sie von anderen Arten. Sie lebt auf Sand in flachem Wasser.

Es gibt eine vollständig schwarze Art, die Lamarck 1811 *Oliva oliva orieola* nannte.

VERBREITUNG: tropischer Indopazifik

ANCILLA CINGULATA

(Sowerby 1830)

TRIVIALNAME: Honigbandancilla

BESCHREIBUNG: Diese sehr schöne, dünnschalige, fragile Schale mit ihren gerundeten, glänzenden Windungen und dem hohem Gewinde ist auf australische Gewässer begrenzt, dort lebt sie auf Sand in flachem Wasser. Apex und Schulter der Endwindung sind weiß, Anfangswindungen honig- oder bernsteinfarben. Die Endwindung ist zartrosa. Iredale nannte sie 1936 *Ancillista velesiana*, worunter sie manchmal klassifiziert wird.

VERBREITUNG: Ost- und Südostaustralien

RANDSCHNECKEN

Familie Marginellidae

Die meisten der mehr als 600 Arten
dieser Familie von Schnecken mit
kleinen, glänzenden Gehäusen leben in
flachem, sandigem Wasser, besonders im
tropischen Meer vor Westafrika.
Sie haben ihren Namen von der verdickten Außenlippe ihrer Mündung; die Spindel hat mehrere typische Grate oder Falten. Die Klassifikation dieser Gruppe ist
schwierig und fußt auf anatomischen
Eigenschaften.

MITRASCHNECKEN

Familie Mitridae

Die unterschiedlich großen, glatten oder
spiralig skulptierten Schalen dieser Art
haben ein hohes, spitzes Gewinde und
eine enge, langgestreckte Mündung mit
einer gefalteten Spindel. Sie sind häufig
bunt und mit Algenkrusten überzogen.
Ein Deckel fehlt. Man findet sie auf Sand
oder im Schlamm, unter Steinen oder
Korallen und auch zwischen Algenbetten;
sie ernähren sich von Spritzwürmern.
Die Familie umfaßt mehrere hundert
fleischfressende Arten, die weltweit in
warmen Meeren
vorkommen.

PRUNUM LABIATA

(Kiener 1841)

TRIVIALNAME: Königsrandschnecke

BESCHREIBUNG: Diese Art mit einem mittelgroßen
Gehäuse, die auf Sand in flachem Wasser lebt, hat ein
flaches, stark verschwieltes Gewinde und einen leicht
vergrößerten Kanal. Das cremefarbene Äußere kontrastiert mit der verdickten gelben, gezahnten Außenlippe.

VERBREITUNG: südliche Karibik bis Brasilien

MITRA MITRA

(Linné 1758)

BESCHREIBUNG: Diese bekannte und schöne Art ist
wohl die größte ihrer Familie und lebt in flachem
Wasser im Sand.
Das ziemlich schwere, langgezogene Gehäuse weist
rote Felder und Flecken auf weißem Grund auf. Das
hohe Gewinde ist länger als die Endwindung, die
fast gerade abfällt. Die Mündung ist weißgelb, die
Außenlippe zähnchenbesetzt und die Spindel stark
gefaltet.

VERBREITUNG: indopazifischer Raum

MITRASCHNECKEN

Familie Costellariidae

Die Arten dieser Familie ähneln denen der Familie Mitridae und wurden früher auch mit ihr klassifiziert. Sie leben in verschiedenen Lebensräumen von der Strandzone bis ins tiefe Wasser und ernähren sich von Schnecken und kleinen wirbellosen Tieren.

ÜBERFAMILIE
CANCELLARIOIDEA

GITTERSCHNECKEN

Familie Cancellariidae

Diese Schnecken mit kleinen bis mittelgroßen, gitterskulptierten Gehäusen kommen in warmen oder tropischen Meeren vor. Sie haben ein herausgehobenes Gewinde und eine erweiterte Mündung mit einer häufig gebogenen Außenlippe. Die Spindel ist stark gerippt, ein Deckel fehlt. Sie leben vegetarisch – wohl von Mikroorganismen – auf Sand oder Geröll in mitteltiefem bis tiefem Wasser und haben eine Radula.

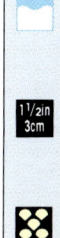

2in
5cm

1¹/₂in
3cm

VEXILLUM VULPECULA

(Linné 1758)

TRIVIALNAME: Kleine Fuchsmitra

BESCHREIBUNG: Diese Art ist bekannt, beliebt und variabel, wie die abgebildeten Exemplare von den Philippinen zeigen. Die Endwindung ist länger als das Gewinde, die Spitze ist sehr oft abgebrochen. Die Mündung ist lang und eng, ihre Spitze verdickt. Die Farbgebung variiert zwischen Creme und Braun mit roten, schwarzen oder orangefarbenen spiraligen Linien. Sie lebt auf Sand in flachem Wasser.

VERBREITUNG: Indopazifik

CANCELLARIA RETICULATA

(Linné 1767)

TRIVIALNAME: Gitterschnecke

BESCHREIBUNG: Das relativ große, solide Gehäuse weist einige flache Spiralreifen auf, die wiederum von Axialrippen gekreuzt werden; zusammen bilden sie eine Gitterskulptur. Der Grund ist cremefarben oder grauweiß, die Bänder dunkelbraun. Sie lebt unterhalb der Gezeitenzone in einer Tiefe von bis zu 20 m.

VERBREITUNG: Südosten der USA bis Brasilien

KEGELSCHNECKEN

Familie Conidae

Das Gehäuse ist oft von einem Periostrakum überzogen. Die Mündung ist lang,
die Spindel glatt. Der Deckel ist klein
und langgezogen, manchmal fehlt er
ganz. Sie leben zwischen der Strandzone
und tiefem Wasser und graben sich unter
Steinen und Korallen oder im Sand ein.
Mit ihren hochentwickelten Giftdrüsen
und den harpunenartigen »Giftzähnen«
fangen sie ihre Beute. Am Gift einiger
Arten sollen schon Menschen gestorben
sein. Es gibt über 300 Arten.

CONUS SCULLETTI

(Marsh 1962)

TRIVIALNAME: Scullett-Kegelschnecke

BESCHREIBUNG: Diese Art wurde erst kürzlich publiziert,
das abgebildete Exemplar stammt aus einer Tiefe von
145 m vor Cape Moreton, Queensland. Das Gehäuse
ist schlank, recht leicht und hat ein niedriges Gewinde.
Die Endwindung kann gerade oder konkav gebogen
sein. Die Farbe des Grunds ist grauweiß oder cremefarben mit dunkelbraunem Muster.

VERBREITUNG: südliches Queensland und nördliches
Neusüdwales

CONUS GEOGRAPHUS

(Linné 1758)

TRIVIALNAME: Geographenschnecke

BESCHREIBUNG: Diese Flachwasserart mit einem
großen, überraschend leichten Gehäuse kann Fische
ihrer eigenen Größe fressen, mit ihrem Gift hat ein
Exemplar, heute in der Abteilung für Naturgeschichte im
British Museum, wenigstens einen Menschen getötet.
Die Mündung ist besonders groß und die Endwindung,
um deren Basis mehrere Grate laufen, besonders
bauchig. Die Grundfarbe variiert zwischen bläulichweiß
und cremefarben, die Musterungen sind von unter-
schiedlichem Braun.

VERBREITUNG: Indopazifik

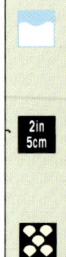

CONUS TESSULATUS

(Born 1778)

TRIVIALNAME: Mosaikkegelschnecke

BESCHREIBUNG: Diese Art mit niedrigem Gewinde, vio-
lettgetönter Spindelbasis, abgerundeter Endwindung und
einem Muster aus roten oder orangefarbenen Musterungen auf weißem Grund ist ein Paradestück jeder Sammlung. Die Anfangswindungen und die leicht plumpe Spitze sind hervorgehoben, auf den Windungen befinden
sich spiralige Reifen. Bei alten Exemplaren kann die
Basis der Spindel auch weiß statt violett sein.

VERBREITUNG: Indopazifik

TURMSCHNECKEN

Familie Turridae

Obwohl diese Arten mit ihren kleinen bis mittelgroßen Gehäusen anderen Gruppen ähneln, erkennt man sie leicht an der Einbuchtung im Außenlippenrand. Der Siphonalkanal ist lang und spindelförmig, der blattförmige Horndeckel klein und fehlt manchmal. Die über 100 bekannten Arten leben zwischen der Strandzone und sehr tiefem Wasser und verbergen sich unter Steinen oder Korallen in Sand oder schlammigen Gebieten. Sie sind Fleischfresser und ernähren sich von Meereswürmern und kleinen wirbellosen Tieren. Einige haben harpunenartige Zähne.

CONUS TEXTILE

Linné 1758

TRIVIALNAME: Tuchkegelschnecke

BESCHREIBUNG: Die Tuchkegel- oder Goldtuchkegelschnecke ist eine schöne, vielleicht die bekannteste, aber auch die giftigste Art dieser Familie und hat schon einige Menschen mit ihrem Gift getötet.
Das niedrige Gewinde ist gerade oder konkav, die Endwindung kann tiefer gekerbte konvexe Seiten haben. Die lange Mündung enthält ein glänzend weißes Inneres. Die Schale kann in Form, Farbe und Gewicht variieren, und einige Arten haben sich von ihr abgespalten, u.a. auch die kleinere, blaue Erscheinungsform *Conus eustrios* aus Mosambik.

VERBREITUNG: Indopazifik

GEMMULA KIENERI

(Doumet 1840)

TRIVIALNAME: Kiener-Turmschnecke

BESCHREIBUNG: Diese Art mit einem sehr schönen Gehäuse mit einer Skulptur aus braunen Spiralknoten und dem länglichen Siphonalkanal ist eine Zierde für jede Sammlung. Das Gewinde ist niedrig, die Endwindung in der Mitte gebaucht, bevor sie sich zum Kanal hin verjüngt. Der grauweiße oder cremefarbene Grund ist braun und rötlich-braun gemustert, an der Unterseite der Endwindung finden sich kleine braune Striche. Sie ist weit verbreitet (das abgebildete Exemplar stammt von Cape Moreton, Queensland).

VERBREITUNG: Westpazifik, Australien

BOHRERSCHNECKEN

Familie Terebridae

Diese Arten mit unterschiedlich großen, langen Schalen haben ein spitz zulaufendes Gewinde und eine kleine Mündung mit einer dünnen Außenlippe. Ein Periostrakum fehlt, die oft leuchtende Oberfläche kann aber skulptiert oder glatt sein, ein Horndeckel ist vorhanden. Diese Arten leben im Sand oder in schlammigen Gebieten in der Strandzone und unterhalb der Gezeitenzone in warmem und mäßig warmem Wasser und ernähren sich von Meereswürmern. Zu dieser Familie zählen etwa 300 Arten.

TEREBRA CRENULATA

(Linné 1758)

TRIVIALNAME: Faltenbohrerschnecke

BESCHREIBUNG: Diese Art hat ein recht stämmiges Gehäuse. Sie ist mittelgroß und weist die verschiedensten Skulptur- und Farbmuster auf (siehe Abbildung). Das dunklere Exemplar dieser zwei Schnecken stammt von den Solomonen, die hellere aus Tahiti. Einige Gehäuse haben fast glatte, gerade Windungen, andere abstehende Wülste unterhalb der Naht. Sie leben auf Sand in flachem Wasser.

VERBREITUNG: Indopazifik

TEREBRA MACULATA

(Linné 1758)

TRIVIALNAME: Fächerfischbohrerschnecke

BESCHREIBUNG: Diese Schnecke ist die größte ihrer Familie (die längste gefundene ist über 25 cm groß), und ihre Schale ist sehr dick und schwer. Sie hat ein sehr hohes Gewinde und über 15 leicht konvexe Windungen. Die Endwindung ist eng und gerundet, die Mündung lang. Der Untergrund ist cremefarben oder hellbeige, das Spiralmuster braun oder gräulich-braun. Sie lebt auf Sand in flachem Wasser.

VERBREITUNG: Indopazifik

TEREBRA SUBULATA

(Linné 1767)

TRIVIALNAME: Pfriemenbohrerschnecke

BESCHREIBUNG: Diese Art mit grellbunter Schale ist sehr bekannt. Sie hat über 20 stark gestreckte, leicht konvexe Windungen. Die Endwindung verengt sich zu einem kurzen Kanal. Der creme- oder beigefarbene Grund weist zwei spiralige Reihen eckiger dunkelbrauner Flecken auf. Diese Art wird wegen ihrer hellen Farbe auch Schokoladengefleckte Bohrerschnecke genannt. Sie lebt auf Sand in flachem Wasser.

VERBREITUNG: Indopazifik

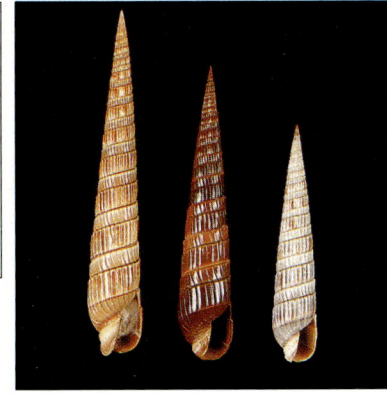

ARCHITECTONICA PERDIX

(Hinds 1844)

TRIVIALNAME: Rebhuhnsonnenschnecke
BESCHREIBUNG: Typisch für diese kleine, auf Sand lebende Art sind die Spiralform und der knötchenbesetzte Nabel. Ihre Farbe variiert zwischen grauweiß und cremefarben, sie hat dunkelbraune spiralige Bänder und Flecken, die Skulptur besteht aus dünnen, eng aneinanderliegenden Furchen. Selten findet man Exemplare mit unbeschädigter Mündung.
VERBREITUNG: Westpazifik, Indischer Ozean

DUPLICARIA DUPLICATA

(Linné 1758)

TRIVIALNAME: Doppelbohrerschnecke
BESCHREIBUNG: Diese mittelgroße, stark glänzende Schnecke ist von einer Spiralfalte an jeder Windung skulptiert, die zahlreiche axiale Falten kreuzen. Ihre Farbe variiert beträchtlich (siehe die abgebildeten Exemplare). Sie lebt auf Sand in flachem Wasser.
VERBREITUNG: Indischer Ozean, Westpazifik

ÜBERFAMILIE

CERITHIOIDEA

SONNENSCHNECKEN

Familie Architectonicidae

Diese kleine Familie hat flache, runde Schalen, bei denen der relativ große und offene Nabel ein treppenförmiges Erscheinungsbild bewirkt, weshalb diese Arten auch Treppenschnecken genannt werden. Der Horndeckel springt innen zahnähnlich vor. Sonnenschnecken leben gewöhnlich in flachem Wasser und ernähren sich von Korallen und Seeanemonen.

PHILIPPIA RADIATA

(Röding 1798)

TRIVIALNAME: Strahlenförmige Sonnenschnecke
BESCHREIBUNG: Diese kleine Art hat ein Buckelgewinde und einen kleinen, offenen Nabel mit einer konvexen Basis. Die Oberfläche des Gehäuses ist glatt, mäßig glänzend und cremefarben und weist ein orangefarbenes Spiralband und Axialstreifen auf. Iredale beschrieb sie 1931 unter dem Namen *Philippia stipator*. Sie lebt auf Sand in flachem Wasser.
VERBREITUNG: Westpazifik, Indischer Ozean

ÜBERFAMILIE
PHILINOIDEA

Diese Überfamilie umfaßt eine Gruppe von im allgemeinen schalenlosen Mollusken. Dazu zählen auch die Nacktschnecken. Einige Arten dieser Überfamilie haben Schalen, die für Sammler interessant und als Blasenschnecken bekannt sind.

BLASENSCHNECKEN
Familie Hydatinidae

Die Schalen dieser Arten sind klein bis mittelgroß und dünnschalig. Sie haben ein zusammengedrücktes Gewinde und häufig Farbbänder. Sie haben keinen Horndeckel und leben am Strand, in Tümpeln und unter Steinen in der Sandzone. Sie sind Fleischfresser und ernähren sich von Meereswürmern, einige auch von Algen.

HYDATINA PHYSIS
(Linné 1758)

TRIVIALNAME: Papierblasenschnecke
BESCHREIBUNG: Diese Art ist die bekannteste ihrer Familie. Das Gehäuse ist dünn und fragil, das Gewinde zusammengedrückt, die Endwindung vergrößert und bauchig. In der ausgestellten Mündung sieht man das weiße Innere, das Äußere ist cremefarben oder gelblich und olivgrün bis dunkelbraun gebändert. Sie lebt in Sandschlamm, auf Seegras oder auf Korallenriffen.
VERBREITUNG: Indopazifik

BLASENSCHNECKEN
Familie Bullidae
Mittelgroße Gehäuse mit einer vergrößerten Endwindung und einem ein-
gesenkten Gewinde. Die Mündung ist
erweitert und an der Spindel verschwielt.
Sie leben auf Sand oder Korallen in der
Strandzone und in flachem Wasser und
ernähren sich von grünen Algen.

BLASENSCHNECKEN
Familie Hamineidae
Diese kleinen, dünnschaligen Gehäuse
sind weiß oder gelb, glatt oder mit feinen
spiraligen Furchen bedeckt. Diese vegetarisch lebenden Arten leben auf Sand oder
Sandschlamm zwischen der Strandzone
und tiefem Wasser.

BULLA STRIATA
Bruguière 1792
TRIVIALNAME: Atlantische Blasenschnecke
BESCHREIBUNG: Dieses schöne, kompakte Gehäuse ist
eiförmig, das Gewinde eingesenkt, die Endwindung am
Analsinus zusammengedrückt. Die Schalen haben unter-
schiedliche Muster und braune, weiße oder graue Flek-
ken und eine weiße Mündung. Die abgebildeten Exem-
plare aus Yucatan zeigen das Farbspektrum.
VERBREITUNG: Florida bis Brasilien, Mittelmeer

ATYS NAUCUM
(Linné 1758)
TRIVIALNAME: Weiße Pazifikatys
BESCHREIBUNG: Diese schöne, leichte Schale ist weiß
und hat einige dünne Spiralstreifen. Sie ist bauchig; die
hintere Lippe ist fast über das eingesenkte, fehlende
Gewinde hochgezogen. Die Spindel hat eine kleine Falte.
Das abgebildete Exemplar stammt von den Philippinen.
Man findet sie im indopazifischen Raum auf Sand oder
Sandschlamm zwischen Strandzone und tiefem Wasser.
VERBREITUNG: indopazifischer Raum

KLASSE
MUSCHELN

Muschelschalen bestehen aus zwei Teilen, den Klappen, die durch ein elastisches Schloßband miteinander verbunden sind. Die Mehrzahl der Muscheln hat einen großen, muskulären Fuß, ein Paar große Mantellappen, die das gehäuseformende Material ausscheiden, einen Einströmsipho und einen Ausströmsipho. Sie kommen weltweit in Salz- und Süßwasser vor.

ÜBERFAMILIE

LIMOPSOIDEA

BITTERSÜSSE VENUSMUSCHEL

Familie Glycimeridae
Sie haben dicke, runde, schwere porzellanartige Schalen, die mit einer dicken Schutzschicht oder einem Periostrakum überzogen sind. Die Schloßplatte hat kleine, ineinandergreifende Zähne. Es gibt über 100 Arten (einige Experten gehen von bis zu 150 aus), die im indopazifischen Raum zumeist in sandigem, flachem Wasser leben. Viele sind eßbar.

4in
10cm

GLYCYMERUS GIGANTEA

(Reeve 1843)

TRIVIALNAME: Bittersüße Riesenvenusmuschel
BESCHREIBUNG: Diese Art wird bis zu 10 cm groß und lebt küstennah im Golf von Kalifornien in einer Tiefe von 7 m bis 12 m. Die schönen Gehäuse werden oft nach Stürmen angespült. Die symmetrischen Hälften sind dick und sehr schwer. Das weiße Innere ist braun oder purpurfarben gefleckt, die grau- oder cremeweiße Oberfläche hat ein rötlich-braunes Zickzackmuster.
VERBREITUNG: Golf von Kalifornien

ÜBERFAMILIE
MYTILOIDEA

MIESMUSCHELN
Familie Mytiloidea

Miesmuscheln kommen weltweit in
flachem Wasser innerhalb der Gezeitenzone vor. Ihre Schalen sind relativ dünn,
aber stark, lang und von einem dicken
Periostrakum überzogen. Das häufig
perlige Innere verfügt über schwach ent-
wickelte Schloßzähne. Die meisten Arten
leben in Kolonien und heften sich mit
Byssusfäden an Steine, Pfähle u.ä.; einige
Arten graben sich auch in Felsen oder
Korallen ein.

PERNA CANALICULUS

(Gmelin 1791)

TRIVIALNAME: Kanalmiesmuschel

BESCHREIBUNG: Diese große Art hat ein grünes
Periostrakum und radial verlaufende schwarze Linien.
Die Schalenwirbel sind rund, manche auch spitz zulaufend, eine rudimentäre Zahnstruktur ist vorhanden.
Ein langes Schließband hält die Hälften zusammen.
Sie kann bis zu 15 cm groß werden, kleinere Exemplare sind allerdings häufiger. Man findet sie entlang
der neuseeländischen Küste bei Ebbe auf Steinen. Das
abgebildete Exemplar stammt aus Nordneuseeland.

VERBREITUNG: Neuseeland

MYTILUS EDULIS

(Linné 1758)

TRIVIALNAME: Blaue Miesmuschel

BESCHREIBUNG: Die Blaue Miesmuschel dient dem
Menschen seit langer Zeit als Nahrungsmittel und ist
weltweit an felsigen Stränden verbreitet. Die dreiecks-
förmige Schale mit ihrem perligen Inneren findet man an
felsigen Stränden zwischen der Strandzone und einer
Tiefe von 10 m. Die Hälften sind mit einem langen,
Schließband verbunden. Sie werden in vielen Gegenden
in Kolonien oder küstennah auf Flößen gezüchtet.

VERBREITUNG: weltweit

ÜBERFAMILIE
PTERIOIDEA

FLÜGEL- UND PERL-
MUSCHELN
Familie Pteriidae

Zu dieser Familie gehören die Flügel-
muscheln, die flügelähnliche Verdickungen unter dem Wirbel und Byssusfäden
haben, mit denen sie sich an Korallen-
geröll, Steine und Seefächer haften, und
auch die runderen Perlmuscheln. Aus
ihrem perligen Inneren werden Touri-
stensouvenirs hergestellt, viele Arten
werden auch für die Produktion von
Natur- und Kunstperlen verwendet. Sie
leben zumeist in tropischen Meeren.

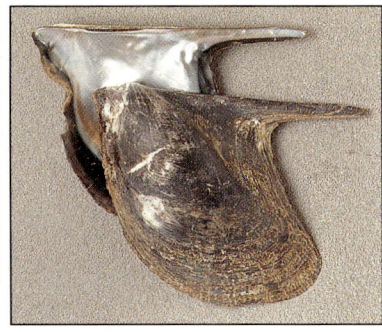

PTERIA PENGUIN
(Röding 1798)

BESCHREIBUNG: Diese Muschel hat ein dünnschaliges, eiförmiges Gehäuse mit asymmetrischen Hälften, von denen die rechte oder obere vergrößert ist. Das Innere ist perlig. Sie lebt in flachem Wasser und wird im Durchschnitt bis zu 15 cm groß, manchmal auch 25 cm. Am abgebildeten Exemplar von den Philippinen sieht man die typische Verlängerung des Gelenks.
VORKOMMEN: indopazifischer Raum

HAMMERMUSCHELN
Familie Malleidae

Hammermuscheln sind eine kleine Gruppe. Sie haben ein halbperlmuttartiges Inneres; das Gelenk hat sich bei ihnen mit einer Verlängerung des Muschelkörpers vereint, so daß sie wie ein Hammer aussehen. Das Schließband ist in eine kleine Vertiefung in der Mitte der Gelenkoberkante eingebettet. Die meisten Arten leben in tropischen Meeren auf flachen Korallenriffen oder in Felshöhlen.

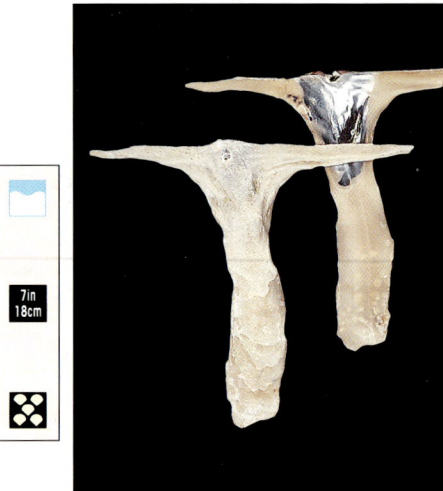

MALLEUS ALBUS
(Lamarck 1819)

TRIVIALNAME: Weiße Hammermuschel
BESCHREIBUNG: Diese Art lebt in flachen Sandgebieten auf Gras und felsigen Ebenen im indopazifischen Raum einschließlich Australiens. Die lange Gelenkklinie und die langgezogene Form ihrer beigefarbenen Schale gaben ihr den Namen.
Zu Beginn des 19. Jahrhunderts war sie sehr gefragt; sie wird auch heute noch gern gesammelt.
VORKOMMEN: indopazifischer Raum

STECKMUSCHELN

Familie Pinnidae

Diese Arten mit großen, dünnen und fächerförmigen Schalen heften sich mit feinen seidigen Byssusfäden an ihren Nährboden. Früher wurden sie zur Herstellung von Naturseide benutzt und lieferten Material für die Seidenfabrikation im italienischen Taranto. Der geringe Seidenertrag der einzelnen Muschel sowie die Einführung von Kunstseide ließen diese Industrie eingehen.

AUSTERN

Familie Ostreidae

Austern sind seit vielen Jahrhunderten eine Delikatesse und werden in Kolonien gezüchtet. Die Schalen sind gewöhnlich individuell unterschiedlich geformt und heften sich mit der linken Hälfte an Felsen oder auch aneinander.

PINNA RUDIS

(Linné 1758)

TRIVIALNAME: Grobe Steckmuschel

BESCHREIBUNG: Das fächerförmige Äußere dieser Art weist eine Reihe radialer Furchen auf, von denen einige nach oben gedrehte, hohle Stacheln ausgehen. Die dünne, transparente Schale ist orange- oder olivbraun. Das Innere ist glatt, aber uneben; am eng zulaufenden Ende befindet sich eine Lage Perlmutt. Die Muschel lebt küstennah in sandreichem Wasser.

VERBREITUNG: Mittelmeer bis Nord- und Westafrika

OSTREA EDULIS

(Linné 1758)

TRIVIALNAME: Europäische Auster

BESCHREIBUNG: Diese Auster ist eßbar und wird seit Jahrhunderten in Europa gezüchtet. Sie ist fast rund, die untere Hälfte ganz flach und die obere leicht gewölbt. Sie hat ein grauweißes Inneres, während die aus Portugal importierte Austernart *Crassostera angulara* stärker gestreckt und innen weiß ist. Das abgebildete Exemplar stammt aus Langstone Bridge im englischen Hampshire.

VERBREITUNG: Westeuropa, Mittelmeer

ÜBERFAMILIE

PECTINACEA

KAMMUSCHELN

Familie Pectinidae

Kammuscheln gehören zu den bekanntesten Muscheln und sind wegen ihrer Farbe, runden Form und individuellen Oberflächenstruktur sehr beliebt. Es gibt mehrere hundert Arten, die weltweit in unterschiedlich tiefem Wasser leben. Die rechte Klappe hat eine vordere Byssalkerbe, die Gelenklinie bildet zwei »Ohren«, je eines auf den Schalenwirbeln. Viele Kammuscheln bewegen sich durch rasches Öffnen und Schließen der Klappen fort; mehrere Arten werden gefischt und sind eßbar.

CHLAMYS TIGERINA

(Muller 1776)

TRIVIALNAME: Tigerkammuschel

BESCHREIBUNG: Diese kleine, runde Muschel besitzt unterschiedliche Ohren. Die symmetrischen Klappen haben eine glatte, aber stumpfe Oberfläche. Sie kommt relativ häufig in tieferem Wasser in Nordeuropa vor, wird aber selten gesammelt, da sie nicht gefischt wird. Die abgebildeten Exemplare, die die Farbenvielfalt verdeutlichen, stammen aus einer Tiefe von 150 m vor der südisländischen Küste.

VERBREITUNG: Westeuropa, Island

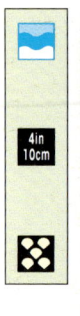

ARGOPECTEN CIRCULARIS

(Sowerby 1835)

TRIVIALNAME: Runde Kammuschel

BESCHREIBUNG Diese Art hat eine runde Schale mit gewölbten, gleich großen Hälften und Ohren. Über die Klappen laufen achtzehn hochstehende, runde Rippen. Die Schalen variieren in Form und Farbe beträchtlich (siehe Abbildung). Sie lebt unterhalb der Gezeitenzone in einer Tiefe von bis zu 100 m und wird kommerziell abgefischt.

VERBREITUNG: Westmexiko bis Peru

MESOPEPLUM TASMANICUM

(Adams & Angus 1863)

TRIVIALNAME: Tasmanische Kammuschel

BESCHREIBUNG: Diese Art hat runde, identische Klappen und unterschiedliche Ohren. Die obere Hälfte ist pink bis rötlich-purpur, die untere weiß oder pink. Beide Klappen weisen fünf starke radiale Rippen auf, zwischen denen zahlreiche, kleinere und dünnere Grate verlaufen. Sie ist relativ selten und lebt in einer Tiefe von 18 m bis 75 m.

VERBREITUNG: Tasmanien, Südaustralien

LYROPECTEN NODOSA

(Linné 1758)

TRIVIALNAME: Löwenklaue

BESCHREIBUNG: Diese Muschel mit ihren fächerförmigen, gleichen Klappen ist sehr gefragt. Jede Klappe hat
sieben bis acht runde Radialrippen, die große runde
Wülste aufweisen. Die Ohren sind unterschiedlich, der
Vorderkanal etwas vergrößert. Sie sind braun oder rot,
gelegentlich auch gelb oder orange (diese Exemplare
sind besonders gesucht). Das Innere ist purpurfarben-
braun. Man findet sie küstennah in einer Tiefe von bis
zu 30 m.

VERBREITUNG: Südosten der USA bis Brasilien

PATINOPECTEN CAURINUS

(Gould 1850)

TRIVIALNAME: Riesenpazifikkammuschel

BESCHREIBUNG: Diese Art ist vermutlich die größte
ihrer Familie und wird bis zu 18 cm groß. Sie hat runde, identische und leicht konvexe Klappen mit stark
entwickelten, flachen runden Radialrippen. Die obere
linke Klappe ist beige oder hellbraun, die untere rechte
hellweiß. Das vordere Ohr ist etwas größer als das
hintere. Sie erwies sich als ideal für den kommerziellen
Fischfang.

VERBREITUNG: Alaska bis Kalifornien

KLAPPMUSCHELN

Familie Spondylidae

Diese mit den Kammuscheln eng verwandte Familie lebt permanent an Korallen oder Felsen. Die Auswüchse an ihren langen Stacheln dienen als Tarnung. Sie haben unterschiedliche Formen, Größen und Farben, alle weisen aber eine typische, dem Ellbogengelenk des Menschen nicht unähnliche Kugelgelenkstruktur auf. Aufgrund ihrer schönen Erscheinungsformen, langen Stacheln und vielfältigen Farben erzielen perfekte Exemplare hohe Preise.

SPONDYLUS PRINCEPS

Broderip 1833

TRIVIALNAME: Pazifische Klappmuschel

BESCHREIBUNG: Die schwere Schale dieser sehr variablen Art hat lange, dicke, aber stumpfe Stacheln. Beide Klappen sind gewölbt und gleich und haben kleine Ohren. Die Hälften sind rot oder pink, die Stacheln normalerweise weiß, wodurch ein schöner Kontrast entsteht. Perfekt erhaltene Exemplare sind sehr gefragt. Diese Art lebt küstennah auf Korallen oder Felsen.

VERBREITUNG: Golf von Kalifornien bis Panama

SPONDYLUS WRIGHTIANUS

Crosse 1872

TRIVIALNAME: Wright-Klappmuschel

BESCHREIBUNG: Diese Art ist vielleicht eine der herausragendsten innerhalb dieser Familie. Ihre langen Stacheln sind oft doppelt so lang wie die Schale, zwischen ihnen befinden sich mehrere dünne Stacheln. Die kleinen runden Klappen sind nicht gleich: Die untere ist flach, die obere gewölbt. Die Farbe variiert von grauweiß bis pink oder blaßlila, die größten Stacheln bleiben oft weiß. Sie lebt küstennah in einer Tiefe von bis zu 50 m.

VERBREITUNG: Westaustralien

ÜBERFAMILIE
TRIGONIOIDEA

DREIECKMUSCHELN
Familie Trigoniidae

Häufig als lebende Fossile bezeichnet,
sind die wenigen verbliebenen
australischen Arten der Dreieckmuscheln
alles, was von einer Gruppe überlebte,
die vor mehr als 200 Millionen Jahren die
Jurameere bevölkerte. Diese Muscheln
haben drei Gelenkzähne auf der einen
Klappe, zwei auf der anderen. Das Innere
ist perlig und stark irisierend; die Schalen
dienen oft zur Schmuckherstellung.

ÜBERFAMILIE
LUCINOIDEA

MONDMUSCHELN
Familie Lucinidae

Mondmuscheln bilden eine große
Familie. Die Schalen sind dick, weiß und
rund bis oval mit einer sehr kleinen Lu-
nula und einem großen Schloßband, das
außen oder innen verläuft. Der vordere
Muskelabdruck ist relativ eng und lang,
im Gegensatz zu den Venusmuscheln
fehlt der Mantelsinus. Sie leben weltweit
in flachem und tiefem Wasser, bevorzugt
aber in warmen Gewässern, wo sie sich in
Sand oder Schlamm eingraben.

NEOTRIGONIA BEDNALLI

Verco 1907

BESCHREIBUNG: Diese kleine, solide Muschel ist leicht
zu erkennen, denn ihr Inneres ist lavendelfarben oder
auch hellorange und stark leuchtend, und die Oberfläche
weist eine stark granulierte, radial verlaufende Rippenstruktur auf. Das Gelenk ist komplex und V-förmig.
Sie lebt küstennah auf Sand in einer Tiefe von ungefähr
50 m.

VERBREITUNG: Südostaustralien

CODAKIA TIGERINA

(Linné 1758)

TRIVIALNAME: Pazifische Tigerhebamme

BESCHREIBUNG: Diese Art hat eine retikulierte, kalk-
weiße Oberfläche, die mit dem hellgelben, von einer
pinkroten Linie eingefaßten Inneren kontrastiert. Gelenk
und Schloßband sind groß, die Zähne klein. Diese Art
lebt im indopazifischen Raum in sehr flachem Wasser,
aber auch in Tiefen von bis zu 20 m.

VERBREITUNG: Indopazifik

ÜBERFAMILIE

CARDITOIDEA

TRAPEZMUSCHELN

Familie Carditidae

Die Trapezmuscheln mit ihren
stark gerippten, kahnförmigen Schalen,
den Schalenwirbeln am vorderen Teil,
dem außenliegenden Gelenk und
den gebogenen inneren Rändern
sind weltweit verbreitet.
Ein Mantelsinus fehlt, einige Arten
weisen Byssusfäden auf. Bei den meisten
Arten dieser Gruppe wird die Brut in
der Mantelhöhle transportiert.

CARDITA CRASSICOSTA

(Lamarck 1819)

TRIVIALNAME: Blattförmige Trapezmuschel
BESCHREIBUNG: Diese Art, auch Australische Trapez-
muschel genannt, hat eine Schale mit vier oder fünf
großen Radialrippen, die mit stark gestreckten Riefen
überzogen ist. Man findet sie häufig zwischen der
Strandzone und einer Tiefe von 90 m. Bei ihrer Farbe
gibt es beträchtliche Schwankungen. Die abgebildeten
Muscheln stammen aus dem Sulumeer zwischen
Borneo und den Philippinen.
VERBREITUNG: West- und Südaustralien, Philippinen

CARDITA LATICOSTATA

(Sowerby 1833)

TRIVIALNAME: Breitgerippte Trapezmuschel
BESCHREIBUNG: Die dicke, solide Schale dieser Art hat
fünfzehn Rippen, die von den Schalenwirbeln ausgehen
und oft gefurcht sind. Ein starkes Gelenk und zwei große
Zähne sind vorhanden. Sie ist hellweiß, braun gebändert oder gefleckt, das Innere ist weiß. Man findet sie
zwischen der Strandzone und einer Tiefe von 55 m.
VERBREITUNG: Golf von Kalifornien bis Nordperu

LAPPENMUSCHELN

Familie Chamidae

Diese Muscheln mit schönen, dicken und schweren Schalen ähneln stark den Klappenmuscheln, ein deutliches Unterscheidungsmerkmal ist jedoch die rudimentäre Gelenkstruktur. Die meisten Arten dieser Familie sitzen an Felsen oder Korallen fest oder haben sich an andere Lappenmuscheln angeheftet. Sie haben blattartige Stacheln und leben in flachen tropischen Gewässern.

HERZMUSCHELN

Familie Cardiidae

Diese große, bekannte Familie ist weltweit verbreitet, zu ihr gehören zahlreiche eßbare Arten. Die Schalen sind unterschiedlich groß, die meisten weisen eine radiale Rippenstruktur auf. Sie haben einen runden, ovalen Umriß und große, bauchige, zentrale Schalenwirbel. Zwei identische Adduktorennarben sind vorhanden, ein Mantelsinus fehlt. Die Art hat einen großen Fuß und kann, wenn sie aufgestört wird, mehrere Zentimeter weit kriechen. Es gibt über 200 Arten.

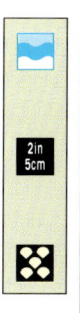

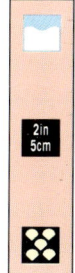

ACANTHOCARDIA ECHINATA

(Linné 1758)

TRIVIALNAME: Europäische Herzmuschel

BESCHREIBUNG: Diese Art mit vergrößerter, runder oder ovaler Schale hat 18 bis 22 Radialrippen, die in der Mitte eine Reihe scharfer Stacheln aufweisen. Die breiten Schalenwirbel ragen über das Gelenk der gleich großen Hälften. Sie ist hellgelb oder hellbraun, manchmal gefleckt, und die Innenseite der Klappen ist gebogen. Sie lebt in Sandgebieten zwischen küstennahen Abschnitten und beträchtlichen Meerestiefen.

VERBREITUNG: Westeuropa, Nordwestafrika, Mittelmeer

ARCINELLA ARCINELLA

(Linné 1767)

TRIVIALNAME: Stachlige Lappenmuschel

BESCHREIBUNG: Die weiße Schale hat 16 bis 35 Radialrippen mit unterschiedlich langen Stacheln. Das Innere kann pink, gelb oder purpurfarben sein. Sie heftet sich gewöhnlich an eine feste Oberfläche an, man findet aber auch freischwimmende Exemplare. Sie lebt in flachem Wasser und in einer Tiefe von über 75 m.

VERBREITUNG: Antillen bis Brasilien

PLAGIOCARDUM SETOSUM

(Redfield 1846)

TRIVIALNAME: Haarige Herzmuschel

BESCHREIBUNG: Für diese Art ist die Ovalform mit zahlreichen Rippen, die von den Schalenwirbeln ausgehen, typisch. Diese Rippen weisen kleine, gedrungene Wülste auf. Die großen Klappen sind identisch. Die Schale ist beige oder hellbraun und von hochlaufenden Bändern gestreift. Das Innere ist weiß, die Schalenränder sind gebogen.

VERBREITUNG: Südwestpazifik, Nordaustralien

RIESENMUSCHELN

Familie Tridacnidae

Diese Muscheln haben dicke, schwere Schalen und eine stark gefurchte Radialstruktur. Die Ränder sind bogenförmig und schließen fest. Sie haben Byssusfäden und liegen mit dem Gelenk auf dem Meeresboden. Die Klappen sind nach oben gerichtet, damit die Sonnenstrahlen die symbiotisch lebenden Algen in den großen, fleischigen Mantelöffnungen, mit denen sie Nahrung aufnehmen, erreichen können. Es gibt ungefähr zwölf Arten, die im tropischen Wasser des Indopazifiks leben.

CERASTODERMA EDULE

(Linné 1758)

TRIVIALNAME: Europäische Herzmuschel

BESCHREIBUNG: Diese bekannte Art ist eßbar und wird oft zu kommerziellen Zwecken gezüchtet. Die mittelgroße, ovale Schale hat 22 bis 28 Radialrippen, von denen jede Stacheln trägt. Ihre Farbe changiert zwischen trübweiß, hellgelb und braun. Das Innere ist weiß, der hintere Muskelabdruck häufig braun gefärbt. Sie ist weit verbreitet, man findet sie häufig in der Strandzone und im Schlamm.

VERBREITUNG: Norwegen bis Nordwestafrika

HIPPOPUS HIPPOPUS

(Linné 1758)

TRIVIALNAME: Pferdehufmuschel

BESCHREIBUNG: Aufgrund der dreieckigen Form, des weißen Inneren und der stark gefurchten mattweißen Oberfläche, die orange, gelb oder karmesinrot gefleckt ist, ist diese Art seit langem sehr beliebt, so daß sie zu stark abgefischt wurde; der Handel mit ihr ist heute verboten. Die Schale mit ihren tiefen, gewölbten Klappen ist eindrucksvoll. Sie sind stark skulptiert und haben sieben große und viele kleine Rippen. Die lange Gelenklinie läuft um die halbe Schale. Diese Art lebt in flachem Wasser auf Korallenriffen.

VERBREITUNG: Südwestpazifik

ÜBERFAMILIE
MACTROIDEA

TROGMUSCHELN
Familie Mactridae

Diese Arten, von denen es weltweit über
100 gibt, leben in flachem Wasser.
Sie haben keine Byssusfäden, die Schalen
sind glatt oder konzentrisch skulptiert.
Man erkennt sie an der Dreiecksform,
den zentralen Schalenwirbeln, dem tiefen
Mantelsinus und zwei gleichen Muskel-
abdrücken sowie an dem innen verlaufen-
den Schloßband. Sie graben sich in Sand
ein; viele Arten sind eßbar.

ÜBERFAMILIE
SOLENOIDEA

SCHEIDENMUSCHELN
Familie Solenidae

Diese Muschelarten haben dünne, langgestreckte Schalen und parallel
verlaufende Rücken- und Bauchränder,
mit denen sie sich sehr gut in Sand
oder Schlamm eingraben können.
Das Ligament liegt außen. Das Gelenk
hat auf jeder Klappe einen Hauptzahn,
Nebenzähne fehlen. Sie sind weltweit
verbreitet; viele Arten werden
kommerziell gefischt.

1 1/2in
4cm

MACTRA CORALLINA

(Linné 1758)

TRIVIALNAME: Strahlentrogmuschel
BESCHREIBUNG: Diese glatte, leuchtende und leicht
dreieckige Schale ist hellrötlichbraun und hat eine helle
cremefarbene, breite oder enge Radialstruktur. Das Innere ist hellviolett. Das Ligament liegt außen. Sie lebt in
sauberem Sand in flachem Wasser, einzelne Exemplare
werden oft nach Unwettern angespült. Die abgebildete
Muschel stammt aus Camber Sands, England.
VERBREITUNG: England bis zum Mittelmeer

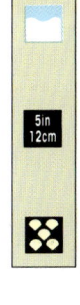

5in
12cm

SOLENS MARGINATUS

Montagu 1803

TRIVIALNAME: Europäische Scheidenmuschel
BESCHREIBUNG: Die langen, geraden Klappen mit ihren
gestutzten Enden und dem einen Hauptzahn sind leicht
zu identifizieren. Die Muschel ist beige oder schmutzig-
gelb und mit einem braunen Periostrakum überzogen.
Typisch für diese Art ist eine Windung, die kurz vor und
hinter dem vorderen Rand verläuft.
VERBREITUNG: Westeuropa, Mittelmeer, Westafrika

ÜBERFAMILIE
SOLENOIDEA

SCHEIDENMUSCHELN

Familie Cultellidae

Diese Muschelarten ähneln den
Solenidae, sind aber leicht an ihren
Haupt- und Nebenzähnen zu erkennen –
Solenidae haben keine Zähne. Die
meisten Arten haben eine langgestreckte
Form, einige sind aber rechteckig und
kahnförmig. Sie leben weltweit in
flachem, sandigem Wasser.

ÜBERFAMILIE
TELLINOIDEA

PLATTMUSCHELN

Familie Tellinidae

Plattmuscheln haben kleine bis mittelgroße Schalen, die vorne häufig flach und
abgerundet und hinten abgewinkelt sind.
Das Ligament liegt außen, das Gelenk
hat auf jeder Klappe zwei kleine Hauptzähne. Ein gut ausgebildeter Mantelsinus
ist vorhanden. Es gibt über 200 Arten, die
in flachem Wasser leben und sich in Sand
oder Schlamm eingraben.

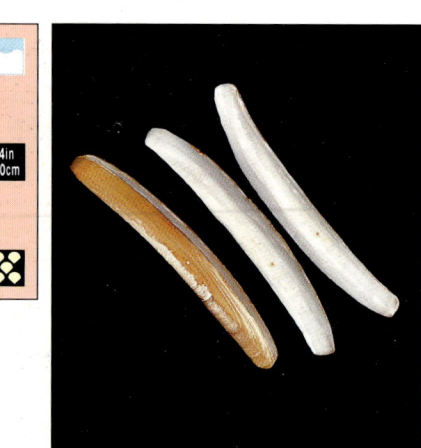

ENSIS ENSIS

(Linné 1758)

TRIVIALNAME: Enge Plattmuschel

BESCHREIBUNG: Die fragile, langgezogene, leicht gebogene Schale mit ihrem äußeren Ligament ist mit einem
hellolivgrünen Periostrakum überzogen, das mit konzentrischen Wachstumslinien ornamentiert ist. Die rechte
Klappe hat einen kleinen Hauptzahn und einen Neben-
zahn, die linke Klappe zwei Haupt- und zwei Nebenzähne. Sie kommt bis zu einer Tiefe von 75 m vor.

VERBREITUNG: Norwegen bis zum Mittelmeer

TELLINA ALBINELLA

(Lamarck 1819)

TRIVIALNAME: Kleine weiße Plattmuschel

BESCHREIBUNG: Der Name dieser Art ist nicht ganz
korrekt, pink- oder hellorangefarbene Exemplare mit
zarten, weißen, konzentrischen Linien sind weitaus
häufiger. Die dünne Schale ist mit zarten, engen konzentrischen Riefen skulptiert. Der hintere schnabel-
förmige Teil der Schale ist häufig zusammengedrückt.

VERBREITUNG: Südküste Australiens

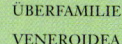

ÜBERFAMILIE
GLOSSOIDEA

ZUNGENMUSCHELN
Familie Glossidae

Obwohl heute nur noch wenige Arten in kühlen oder tropischen Meeren leben, gibt es viele fossile Arten. Ihre dicken, großen Schalen haben abstehende Schnäbel oder Schalenwirbel, die in sich gedreht sind, wodurch die Muschel einem Widderhorn ähnelt. Das Ligament liegt außen, die Oberfläche kann glatt oder gerippt sein.

ÜBERFAMILIE
VENEROIDEA

VENUSMUSCHELN
Familie Veneridae

Diese Familie umfaßt über 400 weltweit verbreitete Arten. Die soliden Schalen weisen eine Vielzahl von Formen, Oberflächen und Farben auf, alle haben einen Mantelsinus. Die Mehrzahl der Arten leben in flachem Wasser, einige in großer Tiefe. Viele Arten sind eßbar.

GLOSSUS HUMANUS

Linné 1758

TRIVIALNAME: Ochsenvenusmuschel

BESCHREIBUNG: Ihren Namen verdankt diese Art ihrer Form; die Schale ist mit einer dünnen, schimmernden Schicht oder einem Periostrakum überzogen. Das Gelenk hat auf jeder Klappe drei Hauptzähne, ein Mantelsinus fehlt. Die Schale ist gelbbraun und hat zahlreiche Wachstumslinien. Sie lebt auf Sand oder Schlamm in einer Tiefe von 8 m bis 300 m.

VERBREITUNG: Norwegen bis zum Mittelmeer

VENUS VERRUCOSA

(Linné 1758)

TRIVIALNAME: Warzenvenusmuschel

BESCHREIBUNG: Diese Art mit einer soliden und schweren, mittelgroßen Schale hat symmetrische, ziemlich gewölbte Klappen, die stark konzentrisch skulptiert sind. Diese Rippen werden zum vorderen und hinteren Rand wulstig. Diese eßbare Art lebt zwischen der Strandzone und einer Tiefe von 12 m; das hier gezeigte Exemplar stammt aus dem Mittelmeer vor Cadiz.

VERBREITUNG: Nordostatlantik bis zum Mittelmeer

LIOCONCHA CASTRENSIS

(Linné 1758)

TRIVIALNAME: Schokoladengeflammte Venusmuschel
BESCHREIBUNG: Diese Art, auch Camp Pitar-Venus-muschel genannt, kommt häufig in flachen Sandbuchten vor. Auf der cremefarbenen Oberfläche der runden oder ovalen Schalen verläuft eine lebhafte, dunkelbraune zickzackförmige Strichzeichnung, die individuell unter-schiedlich ist. Runde Schalenwirbel stehen ab. Das Schild, das intern verlaufende Ligament und der flache Mantelsinus sind groß. Die abgebildeten Exemplare stammen von den Philippinen.
VERBREITUNG: indopazifischer Raum

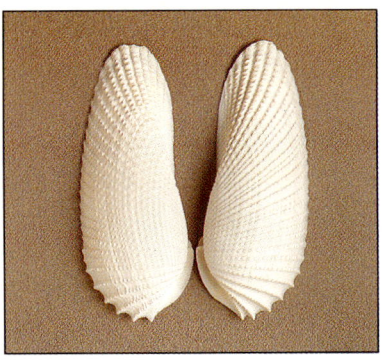

CYRTOPLEURA COSTATA

(Linné 1758)

TRIVIALNAME: Engelsflügel
BESCHREIBUNG: Diese Art kann sich bis zu einen Meter tief in schlammiges Substrat eingraben. Die wunderbar dünne Schale ist langgezogen und weiß. Die radial gerippten Klappen ähneln, wenn sie auf Sand ausge-breitet liegen, einem Paar Flügel. Sie kann bis zu 20 cm groß werden, wenn auch in letzter Zeit aufgefischte Exemplare selten größer als 15 cm waren.
VERBREITUNG: Osten der USA bis Brasilien

ÜBERFAMILIE

PHOLADOIDEA

BOHRMUSCHELN

Familie Pholadidae

Diese Familie ist weltweit verbreitet.
Die dünne, aber starke, langgezogene
Schale klafft an beiden Enden,
die gerippten Klappen sind zusätzlich
gepanzert und haben löffelförmige
Fortsätze (Apophysen) unter den
Schalenwirbeln. Sie graben oder bohren
sich in Felsen, Lehm, Kalkstein,
Korallen oder Holz ein.

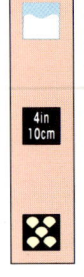

PHOLAS DACTYLUS

Linné 1758

TRIVIALNAME: Europäische Bohrmuschel
BESCHREIBUNG: Diese Art mit einer dünnen, zerbrechli-chen hellweißen Schale hat Klappen, deren Oberfläche von fast 20 runden Rippen skulptiert wird, die 40 von den Schalenwirbeln ausgehende Rippen kreuzen. Sie bohrt sich in Schlamm, Schiefer- und Kreidefelsen und in Sandstein und kommt im Nordostatlantik und im Mittelmeer vor. Das Besondere dieser Muschel ist, daß sie phosphoreszierende Substanzen absondert, die im Dunkeln grünlich-blau leuchten.
VERBREITUNG: Nordostatlantik, Mittelmeer

KLASSE
KÄFERSCHNECKEN
ORDNUNG ISCHNOCHITONINA

Käfer- oder Panzerschnecken sind weltweit verbreitet, es gibt über 1 000 lebende Arten. Die eiförmigen Schalen bestehen aus acht Schalenplatten, die von einem muskelreichen Mantelgewebe zusammengehalten werden, wodurch sie sich zusammenrollen können. Sie leben hauptsächlich vegetarisch, manche aber auch von kleinen wirbellosen Tieren, in flachem Wasser unter Steinen oder auf Felsen.

LEPIDOCHITONA CINEREUS

(Linné 1767)

TRIVIALNAME: Graue Chitonschnecke

BESCHREIBUNG: Diese Schnecken, die zwischen der höchsten Strandzone bis unterhalb der Gezeitenzone leben, sind klein und leicht. Die Unterseite der Schalenplatten ist hellbläulichgrün, die Oberfläche ist beige bis graubraun und normalerweise stark verkrustet. Das abgebildete Exemplar stammt aus dem südenglischen Eastbourne, wo man sie an Kalkfelsen angeheftet fand.

VERBREITUNG: Skandinavien, Westeuropa, westliches Mittelmeer

CHITON MAMORATUS

Gmelin 1791

TRIVIALNAME: Marmorierte Chitonschnecke

BESCHREIBUNG: Diese Art kommt relativ häufig an den Stränden von Felsküsten innerhalb ihres gesamten Verbreitungsgebiets vor. Die glatte Oberfläche ist beige bis graubraun und hat hellere Flecken oder Striche, der Gürtel hat abgesetzte, graue oder grüne Bänder.

VERBREITUNG: Südostflorida bis zu den Antillen

75

KLASSE
KOPFFÜSSER

Kopffüßer bilden eine hochentwickelte Gruppe von Meeresmollusken, die einen gutentwickelten Kopf mit Augen und einem Ring mit acht bis zehn Saugarmen, den Tentakeln, haben. Der schnabelähnliche hornige Mund dient zum Zerkleinern der Beute: Alle Arten sind Fleischfresser. Einige Arten haben außen eine Schale, doch ist sie bei der Mehrzahl zurückgebildet und befindet sich intern oder fehlt ganz. Zu der Klasse zählen Kraken, Tintenfische und Perlen- und Papiernautilusschnecken.

GEKAMMERTE NAUTILUS-SCHNECKEN
Familie Nautilidae

Diese Familie, die sich bis in prähistorische Zeiten zurückverfolgen läßt, umfaßt heute nur noch vier oder fünf Arten. Die Außenschale ist in Kammern aufgeteilt, und der Schneckenkörper mit etwa 90 Tentakeln befindet sich in der letzten, der sogenannten Körperkammer. Die anderen Kammern sind mit Gas gefüllt, was diesen Schnecken ein Steigen bzw. Sinken im Wasser ermöglicht. Die flammenähnlichen radialen Markierungen auf der Schalenoberfläche dienen der Tarnung; die Schale wird dadurch vor einem bestimmten Hintergrund »unsichtbar«.

NAUTILUS POMPILUS
(Linné 1758)

TRIVIALNAME: Gekammerte Nautilusschnecke
BESCHREIBUNG: Diese Art unterscheidet sich von anderen Arten durch einen fehlenden Nabel, die Endwindung bedeckt die Windungen zur Gänze. Die weiße oder cremefarbene Schale ist dünn und leicht. Sie lebt in Kolonien an den Küsten der Philippinen und der Palauinseln im Pazifik; tote Muscheln werden am Westpazifik oft angespült. Die perligen Schalen werden häufig zu Souvenirs umgearbeitet; die Abbildung oben zeigt die inneren Kammern einer halbierten Schale.
VERBREITUNG: Südwestpazifik

POSTHÖRNCHEN

Familie Spirulidae

Kopffüßer, die wie Tintenfische aussehen,
haben eine interne, leicht spiralige
gekammerte Schale, die vollständig
in das lebende Tier eingebettet ist.
Es gibt nur eine Art.

SPIRULA SPIRULA

(Linné 1758)

TRIVIALNAME: Posthörnchen

BESCHREIBUNG: Die Schalen dieser Art werden oft nach
Stürmen angespült. Sie sind leicht an der leicht spiraligen und gekammerten Schale zu erkennen, die, ist
das Tier lebendig, in das Gewebe eingebettet ist.
Die dünnen, fragilen Schalenkammern sind mit Gas
gefüllt, das wohl als Auftriebmittel dient. Wenn das
Tier stirbt und sein Körper verwest, treibt die Schale
an die Wasseroberfläche. Die Art lebt in einer Tiefe
von mehr als 1 000 m.

VERBREITUNG: weltweit

ARGONAUTA ARGO

Linné 1758

TRIVIALNAME: Papiernautilusschnecke

BESCHREIBUNG: Diese krakenähnliche, freischwimmende Art kommt weltweit in warmen, offenen Gewässern
vor. Die sehr schönen schalengleichen Strukturen sind
nicht wirklich eine Schale, vielmehr Sekrete zweier spe-
zieller Arme des Weibchens, die als Rezeptoren für die
Eier des Tieres dienen. Sind die Jungen geschlüpft, stirbt
das Weibchen, und die »Schale« wird abgestoßen. Zahlreiche niedrige, wellenartige Furchen laufen vom engen
Gewinde bis zum Rand. Sie ist hellweiß bis cremefarben, der Anfang des Kiels und die Grate sind hellgrau.
Das Männchen hat keine Schale.

VERBREITUNG: weltweit

KLASSE
KAHNFÜSSER
ELEFANTENZÄHNE
FAMILIE DENTALIIDAE

Über 1 000 Arten dieser Familie sind weltweit in einer Vielzahl unterschiedlicher Lebensräume anzutreffen. Sie leben in Sand oder Schlamm in flachem und tiefem Wasser. Die Schale besteht aus einem einfachen, an beiden Seiten offenen Rohr. Für den Menschen sind sie kaum von Interesse, obwohl eine nordamerikanische Art einst als Tauschwährung benutzt wurde, da ihre Gehäuse ohne Probleme zusammengebunden werden konnten.

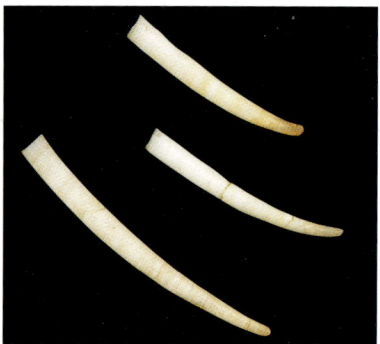

DENTALIUM ELEPHANTINUM
(Linné 1758)

TRIVIALNAME: Elefantenstoßzahn

BESCHREIBUNG: Daß diese Art bei Sammlern sehr beliebt ist, erklärt sich aus ihrer Größe. Ungefähr zehn starke, runde Rippen ziehen sich über die ganze Schale. Sie lebt in einer Tiefe von 2 m bis 50 m und bohrt sich in Sand oder Schlamm, wobei das kleinere Ende aus dem Meeresboden hervorragt. Wie andere Kahnfüßer ist auch sie Fleischfresser und ernährt sich von Meeresmikroorganismen.

VERBREITUNG: Südliche Philippinen, Japan, Nordaustralien

ANTALIS DENTALIS
(Linné 1758)

TRIVIALNAME: Europäischer Elefantenzahn

BESCHREIBUNG: Diese Schale ist leicht gebogen und weist häufig starke Längsgrate auf. Sie ist weiß, manchmal auch hellbraun oder pink. Diese Art lebt in Kolonien, die sich unterhalb einer Tiefe von 5,5 m in Sand eingraben. Nach Unwettern werden sie häufig ans Ufer gespült.

VERBREITUNG: Mittelmeer, Adria

GLOSSAR

Axial – Abschnitte oder Windungen, bes. bei Schnecken, die parallel zur Mittelachse eines Schneckengehäuses verlaufen.

Apex – Gewindespitze eines Schneckengehäuses; der Punkt, von dem aus sich ein Gehäuse entwickelt.

Byssusfäden – seidenähnliche Filamente (fiberartige Fasern), mit denen sich bestimmte Molluskenarten an Felsen anhaften.

Chitin – harte Substanz, aus der das Außenskelett von Insekten besteht.

Columella – die spiralig gedrehte Spindel entlang der mittigen Achse einer Schnecke; innerhalb der Mündung sieht man einen Teil der C.

Dentiert – Zähnchen oder zahnähnliche Kerben aufweisend.

Dorsum – Rückenteil einer Schale.

Endwindung – größter Teil eines Schneckengehäuses; die E. umfaßt die Weichteile.

Gefaltet – mit vielen fächerförmigen Falten überzogen.

Gegittert – von sich kreuzenden Linien, die ein Raster bilden, überzogen.

Gehäusewarzen – kleine, normalerweise runde Auswüchse, die spiralig über das Gehäuse verteilt sind.

Käferschnecken – Mollusken mit einem aus acht Schalenplatten bestehenden Gehäuse.

Kalkig – aus Kalziumkarbonat (Kalk) bestehend; normalerweise weiß.

Knötchen – kleiner, runder Auswuchs.

Lamelle – dünne Schalenplatte oder -fläche.

Ligament – elastisches Schloßband, das die zwei Klappen der Muschelschale rückenseitig gelenkig miteinander verbindet.

Lippe – Innen- oder Außenlippe der Mündung eines Schneckengehäuses.

Mantel – Drüsenklappe oder Körperfalte eines Mollusken, aus dem das schalenbildende Material ausgeschieden wird.

Mantelsinus – kurvig verlaufende Linie auf den Innenseiten der Schalenhälften von Muscheln; der M. ist an jener Stelle sichtbar, an der sich die Ränder des Mantels berühren.

Muschel – Molluskenart mit zwei zusammenhängenden Schalenhälften (Klappen), z.B. Austern.

Mündung – Öffnung am Vorderteil eines Schnecken- oder Muschelgehäuses.

Nabel – offene Stelle an der Unterseite eines Schneckengehäuses, um die sich die Endwindung dreht.

Narbe – vertiefter Muskelabdruck auf den Innenseiten

von Muschelschalen, den die Schließmuskeln hervorrufen.

Netzwerk – von Graten und Wülsten, die sich im rechten Winkel überlagern, gebildeter Teil der Schalenoberfläche.

Operculum – ovaler oder runder Kalk- oder Horndeckel am unteren Teil des Gehäuses vieler Schneckenarten; mit dem O. wird die Mündung verschlossen, sobald sich das Tier ins Gehäuse zurückzieht.

Parietalschild – Teil des Schneckengehäuses, der sich gegenüber der Außenlippe und oberhalb der Spindel befindet; der P. wird manchmal auch als Innenlippe bezeichnet.

Periostrakum – hautähnliche Membran aus Fasern, mit der die Oberfläche vieler Gehäuse überzogen ist.

Radial – eine strahlenförmige Verzierung oder Skulptierung aufweisend, die von den Schalenwirbeln ausgeht.

Radula – bandähnlicher Teil der Schale mit Zähnchenreihen; Mollusken benutzen die R. zur Nahrungsaufnahme.

Retikuliert – ein gitterartiges Muster einander kreuzender Grate oder Furchen aufweisend.

Riefen – Furchen.

Schalenwirbel – Teil der Muschelschale, der sich zuerst ausbildet; die S. werden auch Schnabel genannt.

Schloßband – Hervorhebung unterhalb des Schalenwirbels auf der Schloßplatte einer Muschelschale.

Siphonalkanal – röhrenförmiger Teil, mit dem Schnecken und Muscheln ihren Ein- und Ausströmsipho schützen; der S. befindet sich am vorderen Teil (Basis) der Mündung.

Skulptiert – konzentrische Anwuchsstreifen oder radiale Rippen auf der Oberfläche der Schale aufweisend, die von den Wirbeln ausgehen.

Spindelförmig – wie eine Spindel geformt, in der Mitte rund und bauchig, zu den Enden hin sich verjüngend.

Trochoidal – wie eine sich um die eigene Achse drehende Spitze geformt; radförmig.

Varix (Plural: Varices) – rippenähnliche Verdickung, die ein Innehalten der Wachstumsphase anzeigt; manchmal steht die V. vom Gehäuse ab.

Vorkegel – Spitze oder Apex eines Schneckengehäuses; der V. bildet sich während der Larvenstadiums aus.

Windung – vollständige Furchendrehung um die mittige Achse eines Schneckengehäuses.

Wulst – scharfer oder runder Auswuchs.

Zähnchenfortsatz – kleiner, gewöhnlich runder Auswuchs; Schalen mit einem Z. entlang der Ränder oder innerhalb der Lippe nennt man »dentiert«.

REGISTER

A

Acanthocardia echinata (Europäische Herzmuschel) 69
Altivasum Flindersi (Flinders-Vasenschnecke) 49
Amoria Ellioti (Elliot-Walzenschnecke) 47
Ancilla cingulata (Honigbandancilla) 51
Angaria tyria 20
Antalis dentalis (Europäischer Elefantenzahn) 78
Aporrhais pespelicani (Pelikanfuß) 13, 25
Arcinella arcinella (Stachlige Lappenmuschel) 69
Architectonica perdix (Rebhuhnsonnenschnecke) 57
Argonauta argo (Papiernautilusschnecke) 77
Argopecten circularis (Runde Kammuschel) 64
Atys naucum (Weiße Pazifikatys) 59
Austern 63; Europäische A. 63

B

Babelomurex lischkeanus (Lischke-Latiaxis) 41
Babelomurex spinosus (Stachel-Latiaxis) 41
Bednall-Walzenschnecke 46
Blasenschnecken (Bullidae) 59: Atlantische B. 59;
B. (Haminoidea) 59: Weiße Pazifikatys 59; B. (Hydatinidae) 58: Papierb. 58
Bohrerschnecken 56f.; Doppelb. 57; Fächerfischb.
56; Faltenb. 56; Kleine B. 28; Pfriemenb. 56
Bohrmuscheln 74
Bolinus brandaris (Brandhorn) 6, 39
Buccinum undatum (Eßbare Europäische Wellhornschnecke) 42
Bulla striata (Atlantische Blasenschnecke) 59
Bursa Thomae (St. Thomas-Froschschnecke) 37
Busycon contrarium (Blitzschnecke) 44

C

Calliostoma annulatum (Ringschlitzschnecke) 19
Calliostoma zizyphinum (Bunte Kreiselschnecke) 19
Campanile symbolicum (Glockenklöppel) 23
Cancellaria reticulata (Gitterschnecke) 53
Cardita crassicosta (Blattförmige Trapezmuschel) 68
Cardita incostata (Breitgerippte Trapezmuschel) 68
Cassis flammea (Flammenhelmschnecke) 35
Cerastoderma edule (Europäische Herzmuschel) 70
Cerithium cumingi (Cummingsche Horns.) 22
Charonia tritonis (Trompetenschnecke) 7, 36
Chiton Mamoratus (Marmorierte Chitons.) 75
Chlamys tigerina (Tigerkammuschel) 64
Cittarium pica (Elsterschnecke) 19
Codakia tigerina (Pazifische Tigerhahnemuschel) 67
Columbarium spinicinctum (Stachlige Pagoden.) 49
Columbella mercatoria (Täubchenschnecke) 44
Conus geographus (Geographenkegelschnecke) 54
Conus sculletti (Scullett-Kegelschnecke) 54
Conus tessulatus (Mosaikkegelschnecke) 54
Conus textile (Tuchkegelschnecke) 55
Coralliophila violacea (Violette Korallenschnecke) 42
Crepidula fornicata (Pantoffelschnecke) 28
Cymatium parthenopeum (Neapolitanische Tritonshorn) 22
Cyphoma gibbosum (Flamingozunge) 31
Cypraea annulus 6
Cypraea argus (Augenporzellanschnecke) 30
Cypraea aurantium (Goldene Kauri) 7
Cypraea cervus (Atlantische Hirschkauri) 29
Cypraea hesitata (Nabelkauri) 31
Cypraea miliaris (Hirsekauri) 30
Cypraea moneta 6
Cypraeacassis rufa (Bullenmaul) 35
Cyrtopleura costata (Engelsflügel) 74

D

Dentalium elephantinum (Elefantenstoßzahn) 78
Domenthos 43
Dreieckmuscheln 67
Drupa morum (Violette Drupa) 40
Duplicaria duplicata (Doppelbohrschnecke) 57

E

Echte Napfschnecken 18; Große Eulenn. 18; Hochgerippte N. 18
Eischnecken 31; Eischnecke 31
Eledone cirrosa (Kleine oder Zusammengedrückte Krake) 6

F

Ensis ensis (Enge Plattmuschel) 72
Epitonium clathrum (Europäische Wendeltreppe) 38
Epitonium scalare (Echte Wendeltreppe) 37
Euspira lewisi (Lewisscher Mond) 32

F

Fasanenschnecken 20; Australische F. 20
Fasciolaria lilium hunteria (Gestreifte Tulpenschnecke) 45
Feigenschnecken 34; Unterstrichene Feige 34
Ficus subintermedia (Unterstrichene Feige) 34
Fissurella barbadensis (Barbados-Lochschnecke) 18
Floßschnecken 38
Flügelschnecken 25ff.; Großer Bootshaken 26;
Kleine Teufelskralle 25; Riesenf. 26; Silbers. 26;
Skorpionsschnecke 26; Vomerschnecke 27
Flügel- und Perlmuscheln 61
Froschschnecken 37; St. Thomas-F. 37
Fusinus australis (Australische Spindelschnecke) 46
Fusinus nicobaricus (Nicobarspindelschnecke) 46

G

Gekammerte Nautilusschnecken 76
Gemmula kieneri (Kiener-Turmschnecke) 55
Gestreifte Tulpenschnecke 45
Gitterschnecken 53
Glockenklöppel 23; G. 23
Glossus humanus (Ochsenvenusmuschel) 73
Glycymeris gigantea (Bittersüße Riesenvenusmuschel) 60

H

Haliotis ruber (Ruber-Meerohr) 17
Hammermuscheln 62; Weiße H. 62
Harfenschnecken 48
Harpa harpa (Echte Harfenschnecke) 48
Haustellum haustellum (Schnepfenschnabel) 39
Helmschnecken 35; Bullenmaul 35; Flammenh.35;
Gescheckte H. 35
Herzmuscheln 69f.; Europäische H. 69, 70; Haarige H. 70
Hexaplex trunculus (Purpurschnecke) 6, 39
Hippopus hippopus (Pferdehufmuschel) 70
Hornschnecken 22
Hydatina physis (Papierblasenschnecke) 58

J

Janthina janthina (Floßschnecke) 38

K

Käferschnecken 11, 75; Graue Chitonschnecke 75;
Marmorierte Chitonschnecke 75
Kahnfüßer 11, 78; Elefantenstoßzahn 78; Europäischer Elefantenzahn 78
Kammuscheln 7, 64f.; Löwenklaue 65; Riesenpazifikk. 65; Runde K. 64; Tasmanische K. 64;
Tigerk. 64
Kauris 6
Kegelschnecken 54f.; Geographenschnecke 54;
Mosaikk. 54; Scullett-K. 54; Tuchk. 55
Klappmuscheln 66; Pazifische K. 66; Wright-K. 66
Kopfüßer 11, 76f.; Gekammerte Nautilus. 76;
Papiernautilusschnecke 77; Posthörnchen 77
Kreiselschnecken (Trochidae) 19: Elsters. 19;
Kaiserk. 19; Ringschlitzschnecke 19; K. (Turbinidae) 20: Angaria tyria 20
Kronen- und Kreiselschnecken 44f.; Blitzschnecke 44; Florida-Kronenschnecke 45

L

Lambis chiragra chiragra (Großer Bootshaken) 26
Lambis lambis (Kleine Teufelskralle) 26
Lambis scorpius scorpius (Skorpionsschnecke) 26
Lappenmuscheln 69; Stachlige L. 69
Lasträgerschnecken 29; Sonnenstern-L. 29
Latiaxis 41; Lischke-L. 41; Stachel-L. 41
Lepidochitona cinereus (Graue Chitonschnecke) 75
Lioconcha castrensis (Schokoladengeflammte Venusmuschel) 74
Lischkeia imperialis (Kaiserkreiselschnecke) 19
Littorina littorea (Uferschnecke) 21
Littorina scabra angulifera (Eckige Ufers.) 22
Livonia mammila (Säugetierwalzenschnecke) 46

Lochschnecken 17f.; Barbados-L. 18; Römische Schildschnecke 17
Lottia gigantea (Große Eulennapfschnecke) 18
Lyropecten nodosa (Löwenklaue) 65

M

Mactra corallina (Strahlentrogmuschel) 71
Malleus albus (Weiße Hammermuschel) 62
Meerohren 17
Melo amphora (Australischer Schöpfer) 47
Melongena corona (Florida-Kronenschnecke) 45
Mesopeplum tasmanicum (Tasmanische Kamm.) 64
Miesmuscheln 61; Blaue M. 61; Kanalm. 61
Mitra mitra 52
Mitraschnecken (Castellariidae) 53: Mitra mitra 52;
M. (Mitridae) 52: Kleine Fuchsmitra 53
Mondmuscheln 67; Pazifische Tigerhabame 67
Murex 39; Brandhorn 39; Schnepfenschnabel 39;
Purpurschnecke 6, 39; Venuskamm 39
Murex pecten (Venuskamm) 39
Muschelkörper 9
Muscheln 60-74
Mytilus edulis (Blaue Miesmuschel) 61

N

Nabelschnecken 32f.; Lewisscher Mond 32;
Schmetterlingsmond 33; Violetter Mond 33
Nassarius pullus (Schwarze Reusenschnecke) 44
Natica alapapilionis (Schmetterlingsmond) 33
Natica violacea (Violetter Mond) 33
Nautilus pompilius (Gekammerte Nautilus.) 76
Neotrigonia bednalli 67
Neptunea tabulata (Tafelneptunschnecke) 43
Nucella lapillus (Nordische Purpurschnecke) 41

O

Ocinebra erinaceus (Stachelstrandschnecke) 40
Ochsenvenusmuschel 73
Oliva australis (Australische Olive) 51
Oliva carneola (Karneololive) 51
Oliva olivina (Walzenschnecke) 51
Oliva oliva oriola 51
Oliva porphyria (Zeltolive) 50
Olivenschnecken 50f
Ostrea edulis (Europäische Auster) 63
Ovula ovum (Eischnecke) 31

P

Pagodenschnecken 49; Stachlige P. 49
Pantoffel- und Haubenschnecken 28; P. 28
Paramoria guntheri (Gunther-Walzenschnecke) 48
Patelloidea alticostata (Hochgerippte Napfs.) 18
Patinopecten caurinus (Riesenpazifikkamm.) 65
Pazifische Tigerhabame 67
Pelikanfuß 13, 25
Pelikanfüsse 12, 25
Perna canaliculus (Kanalmiesmuschel) 61
Perotrochus westralis (Westaustralische Schlitzkegelschnecke) 16
Pferdehufmuschel 70
Phalium areola (Gescheckte Helmschnecke) 35
Phasianella australis (Australische Fasanenschnecke) 20
Philippia radiata (Strahlenförmige Sonnens.) 57
Pholas dactylus (Europäische Bohrmuschel) 74
Phos senticosus (Phoswellhornschnecke) 43
Phoswellhornschnecke 43
Pinna rudis (Grobe Steckmuschel) 63
Plagiocardium setosum (Haarige Herzmuschel) 70
Plattmuscheln 72; Kleine weiße P. 72
Porzellanschnecken 29ff.; Atlantische Hirschkauri 29; Augenp. 30; Hirsekauri 30; Nabelkauri 31
Posthörnchen 77; Papiernautilusschnecke 77; P. 77
Prunum labiata (Königsrandschnecke) 57
Pteria penguin 62
Purpura patula (Weitmäulige Purpurschnecke) 40

R

Randschnecken 52; Königsr. 52
Ranella olearius (Wanderndes Tritonshorn) 36
Rapa rapa (Rettichschnecke) 42
Riesenmuscheln 70; Pferdehufmuschel 70

S

Sand- und Reusenschnecken 44; Schwarze R. 44
Scaphella junonia (Junowalzenschnecke) 48
Scheidenmuscheln (Cultellidae) 72: Enge Plattmuschel 72; S. (Solenidae) 71: Europäische S. 71
Schlammschnecken 23; Teleskopschnecke 23
Schlitzkegelschnecken 16; Westaustralische S. 16
Schnecken 16-59
Schneckenkörper 8
Schraubenschnecken 24; S. 24
Schwimmschnecken 21; Smaragdüferschnecke 21
Scutus antipodes (Römische Schildschnecke) 17
Sepia 6
Smaragdia viridis (Smaragdüferschnecke) 21
Solens marginatus (Europäische Scheidenm.) 71
Sonnenschnecken 57; Rebhuhns. 57; Strahlenförmige S. 57
Spondylus princeps (Pazifische Klappmuschel) 66
Spondylus Wrightianus (Wright-Klappmuschel) 66
Stachelschnecken 38-41; Brandhorn 39; Schnepfenschnabel 39; Purpurschnecke 6, 39; Venuskamm 39
Steckmuscheln 63; Grobe S. 63
Stellaria solaris (Sonnenstern-Lastträgers.) 29
Strombus gigas (Riesenflügelschnecke) 26
Strombus lentiginosus (Silberschnecke) 26
Strombus mutabilis 27
Strombus vomer (Vomerschnecke) 27
Syrinx aruanus (Australische Trompetens.) 45

T

Täubchenschnecken 43; T. 43
Telescopium telescopium (Teleskopschnecke) 23
Tellina albinella (Kleine weiße Plattmuschel) 72
Terebellum terebellum (Kleine Bohrerschnecke) 28
Terebra crenulata (Faltenbohrerschnecke) 56
Terebra maculata (Fächerfischbohrerschnecke) 56
Terebra subulata (Pfriemenbohrerschnecke) 56
Tibia powisi 28
Tintenfisch 6
Tonna perdix (Rebhuhntonne) 34
Tonna sulcosa (Gestreifte Tonne) 33
Tonnenschnecken 33f.; Gestreifte Tonne 33; Rebhuhntonne 34
Trapezmuscheln 68; Blattförmige T. 68; Breitgerippte T. 68
Tritonshörner 36; Neapolitanisches T. 36; Trompetenschnecke 7, 36; Wanderndes T. 36
Trivia monacha (Europäische Napfs.) 31
Trogmuscheln 71; Strahlent. 71
Tulpenschnecken 45f.; Australische Spindels. 46;
Gestreite T. 45; Nicobarspindelschnecke 46
Turbinella pyrum (Indische Trompetenschnecke) 47
Turmschnecken 55; Kiener-T. 55
Turritella terebra (Schraubenschnecke) 24

U

Uferschnecken 21; Uferschnecke 21; Eckige U. 22

V

Vasenschnecken 49; Flinders-V. 49
Venus verrucosa (Warzenvenusmuschel) 73
Venusmuscheln 73f.; Bittersüße V. 60; Bittersüße Riesenv. 60; Schokoladengeflammte V. 74;
Warzenv. 73;
Vermicularia spirata (Knorrige Wurmschnecke) 24
Vexillum vulpecula (Kleine Fuchsmitra) 53
Volutoconus Bednalli (Bednall-Walzenschnecke) 47

W

Walzenschnecken 46ff.; Australische Schöpfer 47;
Bednall-W. 47; Elliot-W. 47; Gunther-W. 48;
Junow. 48; Säugetierw. 46
Warzenvenusmuschel 73
Weitmäulige Purpurschnecken 40
Wellhornschnecken 42f.; Eßbare Europäische W.
42; Phosw. 43; Rettichschnecke 42; Tafelneptunschnecke 43
Wendeltreppen 37f.; Echte W. 37; Europäische W. 38

Z

Zungenmuscheln 73; Ochsenvenusmuschel 73